Susan W. Reddin

MONSTER HUNTER
WILDS

SPIELANLEITUNG

*Meistere Waffen, Taktiken, versteckte Geheimnisse, legendäre
Abenteuer in der Wildnis und Endgame-Herausforderungen*

KAPITEL 1: EINFÜHRUNG IN MONSTER HUNTER WILDS

1.1 SPIELÜBERSICHT

Monster Hunter Wilds ist der neueste Teil von Capcoms von der Kritik gefeierter *Monster Hunter-Reihe* , der das Franchise mit seinem weitläufigen Open-World-Design, dynamischen Ökosystemen und fesselnden Kampfmechaniken zu neuen Höhen führt. Dieses Spiel spielt in einer weiten, ungezähmten Wildnis voller Leben und fordert die Spieler heraus, in die Rolle eines Jägers zu schlüpfen, der die Aufgabe hat, einige der wildesten Kreaturen, denen man je in der Serie begegnet ist, aufzuspüren und zu besiegen.

Im Gegensatz zu seinen Vorgängern *führt Monster Hunter Wilds* eine miteinander verbundene offene Welt mit nahtlosen Übergängen zwischen verschiedenen Biomen ein, von trockenen Wüsten und dichten Dschungeln bis hin zu eisigen Tundren und vulkanischen Landschaften. Jede Umgebung ist nicht nur eine Kulisse, sondern ein lebendiger, atmender Teil des Gameplays, in dem Wetteränderungen, Tageszeiten und ökologische Wechselwirkungen sowohl den Jäger als auch den Gejagten direkt beeinflussen.

Im Kern bleibt das Spiel der charakteristischen Gameplay-Schleife der Serie treu: **Verfolgen, Jagen und Basteln.** Die Spieler begeben sich auf Quests, um kolossale Monster zu jagen, ihre Materialien zu ernten und immer mächtigere Waffen und Rüstungen zu schmieden, um noch größere Bedrohungen zu bewältigen. *Monster Hunter Wilds* verstärkt diese Schleife jedoch mit tieferen Rollenspielelementen, verbesserter KI für Monster und Gefährten und einem flüssigeren Kampfsystem, das Strategie, Vorbereitung und Geschicklichkeit belohnt.

Egal, ob Sie ein Veteran der Serie oder ein Neuling sind, der sich vom Nervenkitzel der Jagd angezogen fühlt, *Monster Hunter Wilds* bietet ein Erlebnis voller Herausforderungen, Entdeckungen und Triumphe. Dieser Leitfaden bietet Ihnen alle Werkzeuge, Strategien und Einblicke, die Sie benötigen, um jeden Aspekt des Spiels zu meistern, von grundlegenden Überlebenstipps bis hin zu fortgeschrittenen Jagdtechniken.

1.2 NEUE FUNKTIONEN UND ÄNDERUNGEN IN MONSTER HUNTER WILDS

Monster Hunter Wilds führt eine Fülle neuer Funktionen und Gameplay-Verbesserungen ein, die das Jagderlebnis auf ein noch nie dagewesenes Niveau heben. Capcom hat die Kernmechanik verfeinert und gleichzeitig frische Elemente hinzugefügt, um sowohl Veteranen als auch Neueinsteiger bei der Stange zu halten. Hier ist ein detaillierter Blick auf die herausragenden Funktionen und Änderungen, die diesen neuesten Teil ausmachen.

Nahtlose Erkundung der offenen Welt

Eine der wichtigsten Änderungen in *Monster Hunter Wilds* ist der Übergang zu einer vollständig offenen Welt. Im Gegensatz zu früheren Spielen, bei denen die Karten in verschiedene Zonen unterteilt waren, die durch Ladebildschirme getrennt waren, bietet dieses Spiel eine nahtlose Welt ohne Unterbrechungen. Die Spieler können durch riesige, miteinander verbundene Regionen reisen, ohne auf Ladezeiten zu stoßen, was ein immersiveres und flüssigeres Erkundungserlebnis schafft.

Die Umgebungen sind dynamisch und lebendig, mit Ökosystemen, die auf deine Aktionen reagieren. Raubtiere jagen Beute, Wettermuster ändern sich unerwartet und Naturkatastrophen wie Sandstürme oder Lawinen können auftreten und sowohl die Erkundung als auch den Kampf beeinflussen.

Dynamisches Wetter und Tag-Nacht-Zyklen

Die Einführung eines dynamischen Wettersystems verleiht der Erkundung und dem Kampf eine neue Tiefe. Wetteränderungen sind nicht nur visuell, sie wirken sich direkt auf das Gameplay aus. Zum Beispiel:

- **Regenstürme** können bestimmte Monster aggressiver machen oder ihre Angriffsmuster verändern.
- **Extreme Hitze** in Wüstenbiomen kann deine Ausdauer schneller aufzehren, wenn du nicht richtig ausgerüstet bist.
- **Bei nächtlichen Jagden** könnten nachtaktive Monster entdeckt werden, die sich anders verhalten als tagsüber.

Jäger müssen ihre Strategien auf der Grundlage dieser Umweltveränderungen anpassen, so dass sich jede Jagd einzigartig und unvorhersehbar anfühlt.

Verbesserte Monster-KI und Ökosystem-Interaktionen

Monster in *Monster Hunter Wilds* sind schlauer und reaktionsschneller als je zuvor. Sie zeigen realistische Verhaltensweisen, wie z. B. die Verfolgung von Beute, Revierstreitigkeiten oder den Rückzug, wenn sie verletzt werden. Monster können sogar Jäger aus dem Hinterhalt angreifen, wenn sie Schwäche spüren, was jeder Begegnung ein Überraschungselement verleiht.

Darüber hinaus spielen die Wechselwirkungen mit dem Ökosystem eine größere Rolle. Du könntest ein großes Raubtier in einen Kampf mit einem anderen Monster locken, um dir einen Vorteil zu verschaffen, oder eine Umweltgefahr auslösen, die massiven Schaden verursacht. Das Verständnis dieser Dynamik kann das Blatt bei schwierigen Jagden wenden.

Neue Uhrwerksmechaniken und Halterungen

Um den Spielern zu helfen, sich in der weitläufigen Welt zurechtzufinden, führt *Monster Hunter Wilds* neue Bewegungsmechaniken ein, darunter die Fähigkeit, freier zu klettern, sich mit Greifwerkzeugen über Lücken zu schwingen und in bestimmten Bereichen sogar zu schwimmen.

Das Spiel bietet auch reitbare Kreaturen, die als Reittiere fungieren. Diese sind nicht nur für die Schnellreise gedacht, sondern können auch im Kampf helfen, Monster aufzuspüren oder zusätzliche Vorräte zu transportieren. Einige Reittiere verfügen sogar über einzigartige Fähigkeiten, die es dir ermöglichen, auf sonst unerreichbare Bereiche zuzugreifen und so den Spielraum für die Erkundung zu erweitern.

Überarbeitetes Handwerk und Ausrüstungsanpassung

Das Crafting-System wurde überarbeitet, um mehr Flexibilität und Tiefe zu bieten. Spieler können jetzt:

- **Passe Waffen und Rüstungen** mit modularen Teilen an, um maßgeschneiderte Builds zu ermöglichen.

- **Experimentiere mit neuen Handwerksmaterialien** , die besondere Buffs oder Elementareffekte gewähren.
- **Rüsten Sie Ihre Ausrüstung in Feldlagern im Handumdrehen auf** , ohne zur Basis zurückzukehren, und optimieren Sie so die Jagdrunde.

Diese Änderungen regen zum Experimentieren an und ermöglichen es den Jägern, ihre Ausrüstung an bestimmte Monster oder Situationen anzupassen.

Verbesserte Koop- und Multiplayer-Integration

Der Mehrspielermodus war schon immer ein Eckpfeiler der *Monster Hunter*-Serie, und *Wilds* verbessert dies durch nahtlose Drop-in/Drop-out-Koop-Funktionen. Egal, ob du alleine oder mit Freunden spielst, der Übergang zwischen Einzelspieler- und Mehrspielermodus fühlt sich natürlich an.

Das Spiel führt auch **plattformübergreifendes Spielen ein**, das es Spielern von verschiedenen Konsolen und PCs ermöglicht, gemeinsam zu jagen. Darüber hinaus verleihen neue Koop-Mechaniken wie synchronisierte Angriffe und Kombo-Moves den teambasierten Strategien mehr Tiefe.

1.3 TIPPS FÜR ANFÄNGER

Der Einstieg in *Monster Hunter Wilds* kann überwältigend sein, vor allem mit der weitläufigen offenen Welt, den komplexen Systemen und den herausfordernden Monstern. Mit der richtigen Herangehensweise und Denkweise werden Sie jedoch in kürzester Zeit erfolgreich sein. Hier sind wichtige Tipps, die Anfängern helfen, einen guten Start in ihre Jagdreise zu haben.

Verstehe den Kern des Gameplays: Jagen, Sammeln, Herstellen

Im Kern dreht sich *Monster Hunter Wilds* um eine einfache, aber süchtig machende Schleife:

1. **Jage Monster:** Spüre Kreaturen auf und besiege sie, um Materialien zu sammeln.
2. **Sammle Ressourcen:** Sammle Kräuter, Erze, Knochen und andere Gegenstände aus der Umgebung.
3. **Handwerksausrüstung:** Verwende die Materialien, die du gesammelt hast, um stärkere Waffen und Rüstungen zu schmieden, mit denen du es mit härteren Monstern aufnehmen kannst.

Nehmen Sie diesen Kreislauf frühzeitig an. Jede Jagd, auch wenn sie sich klein anfühlt, trägt zu deinem Gesamtfortschritt bei. Beeilen Sie sich nicht, nehmen Sie sich Zeit, um zu erkunden, Ressourcen zu sammeln und sich mit verschiedenen Monstern vertraut zu machen.

Wähle die richtige Waffe für deinen Spielstil

Monster Hunter Wilds bietet eine Vielzahl von Waffen, jede mit ihren eigenen einzigartigen Mechaniken, Kombos und Strategien. Einige Waffen sind schnell und wendig, während andere schwer sind und massiven Schaden verursachen. Als Anfänger sollten Sie Folgendes beachten:

- **Schwert & Schild:** Großartig für Neueinsteiger aufgrund seiner Balance zwischen Angriff und Verteidigung.
- **Langschwert:** Bietet flüssige Kombos und gute Reichweite, ohne übermäßig komplex zu sein.
- **Bogen:** Perfekt, wenn du Fernkampf mit schneller Mobilität bevorzugst.

Scheuen Sie sich nicht, während der Trainingsmissionen mit verschiedenen Waffen zu experimentieren. Finde eine, die sich angenehm anfühlt, aber denke daran, dass es Zeit braucht, die Feinheiten einer Waffe zu meistern.

Achte auf das Verhalten von Monstern

Anstatt blind anzugreifen, beobachte das Verhalten deines Ziels. Monster haben unterschiedliche Muster, Signale und Schwächen, die du ausnutzen kannst. Wichtige Dinge, auf die Sie achten sollten:

- **Bewegungsmuster:** Ist das Monster aggressiv oder defensiv? Begünstigt sie bestimmte Angriffe?

- **Schwachstellen:** Die meisten Monster haben verwundbare Bereiche wie Kopf, Schwanz oder Flügel.
- **Wütende Zustände:** Wenn ein Monster wütend wird, erhöhen sich oft seine Angriffsgeschwindigkeit und sein Schaden. Seien Sie in diesen Phasen besonders vorsichtig.

Geduld ist deine größte Waffe. Studiere deinen Feind, schlage zu, wenn die Zeit reif ist, und sei immer bereit, auszuweichen oder dich neu zu positionieren.

Meisterhaftes Ausweichen und Ausdauermanagement

Beim Überleben in *Monster Hunter Wilds* geht es nicht nur darum, Schaden zu verursachen, sondern ihn zu vermeiden. Das Rollen, Ausweichen und Verwalten deiner Ausdauerleiste ist entscheidend, um am Leben zu bleiben. Hier sind einige schnelle Tipps:

- **Gezieltes Ausweichen: Spamme** nicht die Ausweichtaste. Lerne die Unbesiegbarkeits-Frames (i-Frames), in denen dein Charakter Angriffe unbeschadet überstehen kann.
- **Achte auf deine Ausdauer:** Laufen, Ausweichen und bestimmte Waffenangriffe verbrauchen Ausdauer. Wenn es ausgeht, sind Sie verwundbar. Lass immer etwas Ausdauer für Notausweichmanöver übrig.
- **Positionierung ist der Schlüssel:** Manchmal ist es sicherer, auszuweichen oder außerhalb der Reichweite zu gehen, als zu rollen. Bleiben Sie ruhig und geraten Sie nicht in Panik, wenn Sie unter Druck stehen.

Ignorieren Sie nicht die Umwelt

Die Welt von *Monster Hunter Wilds* ist mehr als nur eine Kulisse, es ist ein Werkzeug, das du zu deinem Vorteil nutzen kannst. Achten Sie auf:

- **Umgebungsfallen:** Felsen, die umgeworfen werden können, Lianen, die Monster verwickeln, oder Vorsprünge für mächtige Sprungangriffe.
- **Flora und Fauna:** Sammle Pflanzen für Heilgegenstände, Insekten für Buffs oder kleine Kreaturen, die große Monster ablenken.

- **Elementare Gefahren:** Lavatümpel, Treibsand und vereistes Gelände können sowohl dir als auch den Monstern schaden. Setzen Sie sie strategisch ein.

Bereiten Sie sich auf jede Jagd vor

Vorbereitung ist der Unterschied zwischen Erfolg und Misserfolg. Bevor Sie sich auf den Weg machen:

- **Iss eine Mahlzeit:** Mahlzeiten bieten vorübergehende Werte-Boosts wie erhöhte Gesundheit, Ausdauer oder Angriffskraft. Essen Sie immer vor einer harten Jagd.
- **Überprüfe deine Ausrüstung:** Stelle sicher, dass deine Waffen scharf sind, deine Rüstung aufgewertet ist und dein Inventar mit Tränken, Fallen und anderen wichtigen Dingen gefüllt ist.
- **Überprüfen Sie die Schwächen des Monsters:** Zu wissen, ob ein Monster schwach gegen Feuer, Eis oder ein anderes Element ist, kann Ihnen helfen, die richtige Ausrüstung auszuwählen.

Keine Angst vor dem Scheitern, lernen Sie daraus

Du wirst ohnmächtig werden. Du wirst Quests nicht bestehen. Es ist Teil des Lernprozesses. Jede Niederlage lehrt dich etwas Neues über die Spielmechanik, das Verhalten der Monster oder deine eigenen Strategien. Anstatt frustriert zu sein:

- Analysieren Sie, was schief gelaufen ist.
- Passen Sie Ihre Ausrüstung oder Herangehensweise an.
- Versuchen Sie es erneut mit einer neuen Perspektive.

Die Befriedigung, nach mehreren Versuchen endlich ein hartes Monster besiegt zu haben, ist eines der lohnendsten Gefühle in *Monster Hunter Wilds*.

Nutzen Sie die Vorteile des Mehrspielermodus

Wenn sich eine Jagd alleine zu schwierig anfühlt, zögere nicht, dich mit anderen Spielern zusammenzuschließen. Der Mehrspielermodus erleichtert nicht nur die Jagd, sondern lehrt dich auch neue Strategien, indem du beobachtest, wie andere kämpfen. Kommunikation ist der

Schlüssel zur Zusammenarbeit, unterstützen Sie Ihr Team und teilen Sie den Nervenkitzel des Sieges.

1.4 DIE ROLLE DES JÄGERS VERSTEHEN

In *Monster Hunter Wilds* schlüpfst du in die Rolle eines Jägers, eines Elitekriegers, der die Aufgabe hat, die beeindruckendsten Kreaturen der Welt aufzuspüren, zu studieren und zu besiegen. Aber ein Jäger zu sein bedeutet mehr als nur riesige Waffen zu führen und Monster zu töten. Es geht darum, Ihre Umgebung zu verstehen, sich an verschiedene Situationen anzupassen und Teil eines größeren Ökosystems zu werden. In diesem Abschnitt erfahren Sie, was es wirklich bedeutet, ein Jäger zu sein und wie Sie Ihre Rolle effektiv erfüllen können.

Die Bestimmung des Jägers: Mehr als nur Töten

Während sich das Kern-Gameplay um die Jagd auf Monster dreht, geht deine Rolle als Jäger über den Kampf hinaus. Du bist Entdecker, Forscher, Beschützer und Stratege in einem. Die Gilde weist dir verschiedene Quests zu, nicht nur, um Bedrohungen zu eliminieren, sondern auch, um das Gleichgewicht innerhalb des Ökosystems zu wahren.

Zu Ihren Aufgaben gehören:

- **Monster aufspüren:** Erlernen ihrer Gewohnheiten, Bewegungen und Schwächen.
- **Erforschung des Ökosystems:** Verstehen, wie Monster miteinander und mit ihrer Umgebung interagieren.
- **Sammeln von Ressourcen:** Sammeln von Materialien nicht nur von Monstern, sondern auch von Pflanzen, Mineralien und Wildtieren.
- **Unterstützung der Gemeinschaft:** Unterstützung des Gedeihens von Siedlungen durch die Beseitigung von Bedrohungen und die Bereitstellung von Ressourcen.

Jede Jagd dient einem Zweck, sei es die Sicherung von Nahrung, der Schutz von Territorien oder die Entdeckung neuer Entdeckungen über die Kreaturen, die diese wilde Welt bewohnen.

Anpassungsfähigkeit: Der Schlüssel zum Überleben

Keine zwei Jagden sind gleich in *Monster Hunter Wilds*. Jedes Monster hat einzigartige Verhaltensweisen, Angriffsmuster und Vorlieben in der Umgebung. Als Jäger ist deine größte Stärke nicht rohe Gewalt, sondern Anpassungsfähigkeit.

Sie müssen in der Lage sein:

- **Passen Sie die Taktik spontan an:** Eine Strategie, die für ein Monster funktioniert, kann gegen ein anderes Monster scheitern. Seid bereit, eure Herangehensweise mitten im Gefecht zu ändern.
- **Passen Sie sich an Umweltgefahren an:** Wetter, Gelände und sogar die Tageszeit können Ihre Jagd beeinflussen. Es ist entscheidend zu lernen, wie Sie diese Faktoren zu Ihrem Vorteil nutzen können.
- **Experimentieren Sie mit Ausrüstung:** Es gibt nicht die eine "beste" Waffe oder das beste Rüstungsset. Der Erfolg entsteht oft durch das Experimentieren mit verschiedenen Builds, die auf bestimmte Jagden zugeschnitten sind.

Jäger, die das Schlachtfeld lesen, Muster erkennen und sich entsprechend anpassen können, sind diejenigen, die erfolgreich sind.

Team Dynamics: Deine Rolle bei Multiplayer-Jagden

Wenn Sie mit anderen auf die Jagd gehen, wird es noch wichtiger, Ihre Rolle innerhalb eines Teams zu verstehen. Im Gegensatz zu herkömmlichen RPGs mit starren Klassensystemen *ermöglicht Monster Hunter Wilds* den Spielern, ihre Rollen durch Waffenwahl, Ausrüstung und Spielstil zu definieren. Zu den gängigen Rollen gehören:

- **Schadensverursacher (DPS):** Konzentriere dich auf die Maximierung des Schadensausstoßes mit Waffen wie Großschwertern, Doppelklingen oder Langschwertern.
- **Unterstützungsjäger:** Setze Jagdhörner, Fernkampfwaffen oder statusverleihende Ausrüstung ein, um Verbündete zu stärken, zu heilen oder das Schlachtfeld zu kontrollieren.
- **Panzer/Disruptoren:** Es gibt zwar keine traditionelle "Tank"-Rolle, aber Spieler mit schwerer Rüstung und Waffen wie Lanzen oder Hämmern können die Aggression von Monstern kontrollieren und Lücken für ihr Team schaffen.

Gute Kommunikation und Synergie können selbst die härtesten Jagden in koordinierte Siege verwandeln. Zu wissen, wann man führt, wann man unterstützt und wann man sich zurückzieht, ist Teil der Beherrschung der Rolle des Jägers in einer Teamumgebung.

Der Kodex des Jägers: Geduld, Präzision und Ausdauer

Das Herzstück eines jeden großen Jägers ist eine Denkweise, die von drei Schlüsselprinzipien geprägt ist:

- **Geduld:** Sich rücksichtslos in die Schlacht zu stürzen, führt zum Scheitern. Erfolgreiche Jäger beobachten, warten auf den perfekten Moment und schlagen präzise zu.
- **Präzision: Egal, ob** es darum geht, einen kritischen Treffer an der Schwachstelle eines Monsters zu landen oder einem Angriff um Haaresbreite auszuweichen, Präzision unterscheidet geschickte Jäger von Amateuren.
- **Ausdauer:** Jagden können lang und zermürbend sein. Manche Monster gehen nicht so leicht zu Boden. Aber jede Niederlage ist eine Lektion, und jeder Rückschlag ist eine Chance, stärker zu werden.

Um die Rolle des Jägers zu meistern, geht es nicht darum, unbesiegbar zu werden, sondern darum, die Reise anzunehmen, aus deinen Erfahrungen zu lernen und ständig danach zu streben, dich zu verbessern.

KAPITEL 2: DAS ARSENAL DES JÄGERS: WAFFEN UND RÜSTUNGEN

2.1 ALLE WAFFENTYPEN IM ÜBERBLICK

In *Monster Hunter Wilds* bestimmt deine Waffe nicht nur, wie du kämpfst, sondern auch, wie du das Spiel erlebst. Jeder Waffentyp bietet einzigartige Mechaniken, Spielstile und Strategien und richtet sich an eine breite Palette von Spielern, von aggressiven Schadensverursachern bis hin zu taktischen Unterstützungsjägern. Die Beherrschung deiner Waffe ist unerlässlich, denn das Verständnis ihrer Stärken, Schwächen und des optimalen Einsatzes kann den Unterschied zwischen Sieg und Niederlage ausmachen.

Großes Schwert: Der Titan der rohen Macht

Beim **Großen Schwert** dreht sich alles um überwältigende Kraft. Es handelt sich um eine massive, schwere Klinge, die mit jedem Schlag verheerenden Schaden anrichten kann. Seine Angriffe sind zwar langsam und erfordern präzises Timing, aber ein gut platzierter Ladeschlag kann Monsterteile zertrümmern und selbst die härtesten Feinde ins Taumeln bringen.

- **Stärken: Hoher** roher Schaden, hervorragend zum Zerbrechen von Monsterteilen, mächtige aufgeladene Angriffe.
- **Schwächen:** Langsame Mobilität, erfordert Geduld und präzises Timing, verwundbar bei Angriffsanimationen.
- **Ideal für:** Spieler, die ein Gameplay mit hohem Risiko und hoher Belohnung genießen und nichts gegen langsameres Tempo haben.

Langschwert: Anmutige Präzision und Gegenangriffe

Das **Long Sword** bietet flüssige, elegante Kombos mit hervorragender Reichweite. Sein charakteristisches Merkmal ist die **Geisteskraftanzeige**, die sich füllt, wenn du Treffer landest, und so mächtigere Angriffe freischaltet. Das Langschwert verfügt auch über Kontertechniken, die es geschickten Spielern ermöglichen, Angriffe abzuwehren und mit verheerenden Schlägen zu antworten.

- **Stärken:** Hohe Beweglichkeit, starke Gegenangriffe, flüssiger Kombo-Fluss.
- **Schwächen:** Erfordert eine präzise Positionierung, kann Teamkollegen im Mehrspielermodus durch weite Schwünge stören.
- **Ideal für:** Spieler, die rasante, kombolastige Kämpfe mit einem stilvollen Flair mögen.

Schwert & Schild : Vielseitig und zuverlässig

Das **Schwert & Schild** ist eine ausgewogene Waffe, die eine Mischung aus Angriff, Verteidigung und Gegenstandsnutzen bietet. Es ermöglicht Ihnen, sich vor Angriffen zu schützen und gleichzeitig eine hohe Mobilität zu gewährleisten. Was es auszeichnet, ist die Fähigkeit, Gegenstände (wie Tränke) zu verwenden, ohne die Waffe in die Scheide zu stecken, was es perfekt für die spontane Heilung in intensiven Kämpfen macht.

- **Stärken:** Schnelle Angriffe, defensive Fähigkeiten, nahtlose Verwendung von Gegenständen.
- **Schwächen:** Geringerer Schaden im Vergleich zu schwereren Waffen, kürzere Reichweite.
- **Ideal für:** Anfänger oder Spieler, die Vielseitigkeit und Anpassungsfähigkeit in jeder Situation wünschen.

Doppelklingen: Blendende Geschwindigkeit und elementare Wut

Die **Doppelklingen** sind die schnellsten Waffen im Spiel und haben sich auf schnelle Kombos und Elementar-/Statusschaden spezialisiert. Die Aktivierung des **Dämonenmodus** erhöht die Angriffsgeschwindigkeit und schaltet mächtige Komboketten frei, obwohl sie schnell Ausdauer verbraucht.

- **Stärken:** Hohe Angriffsgeschwindigkeit, hervorragend zum Anwenden von Elementar-/Statuseffekten, unerbittliches Kombo-Potenzial.
- **Schwächen: Begrenzte** Reichweite, geringe Verteidigung, ausdauerabhängig.
- **Ideal für:** Spieler, die aggressive, rasante Kämpfe und Non-Stop-Action bevorzugen.

Hammer: Der König der Knockouts

Der **Hammer** wurde entwickelt, um ein stumpfes Gewalttrauma zu verursachen. Seine Hauptaufgabe besteht darin, erschütternden Schaden zu verursachen, was ihn ideal macht, um Monster zu betäuben, indem er auf ihre Köpfe zielt. Trotz seiner Größe bietet der Hammer eine überraschende Beweglichkeit beim Aufladen von Angriffen.

- **Stärken:** Hohes Betäubungspotenzial, ideal zum Brechen harter Teile, mobil während des Ladevorgangs.
- **Schwächen:** Begrenzte Reichweite, ineffektiv gegen gepanzerte Monsterteile.
- **Ideal für:** Spieler, die einen geradlinigen, aggressiven Spielstil bevorzugen, der sich auf atemberaubende Feinde konzentriert.

Jagdhorn: Unterstützend und doch tödlich

Das **Jagdhorn** ist mehr als nur eine Unterstützungswaffe. Er kann seine Teamkameraden nicht nur mit Liedern stärken, die die Angriffskraft, Verteidigung oder Geschwindigkeit verbessern, sondern auch vernichtende Schläge austeilen. Geschickte Jagdhorn-Benutzer können offensive Kombos nahtlos mit Unterstützungsfähigkeiten kombinieren.

- **Stärken:** Team-Buffs, starker stumpfer Schaden, hervorragende Massenkontrolle.
- **Schwächen:** Komplexe Mechanik, im Alleingang im Vergleich zu anderen Waffen weniger effektiv.
- **Ideal für:** Spieler, die eine hybride Rolle genießen, Teamkameraden zu unterstützen und dabei immer noch erheblichen Schaden zu verursachen.

Lanze: Unnachgiebige Verteidigung und Präzisionsschläge

Die **Lanze** ist die ultimative Verteidigungswaffe, die es Jägern ermöglicht, sich selbst vor den stärksten Angriffen zu schützen, ohne mit der Wimper zu zucken. Seine große Reichweite und seine präzisen Stöße machen ihn effektiv, um bestimmte Monsterteile anzuvisieren und gleichzeitig eine solide Verteidigung zu gewährleisten.

- **Stärken:** Stärkste Deckungsfähigkeiten, große Reichweite, präzise Angriffe.

- **Schwächen:** Langsame Bewegung, erfordert sorgfältige Positionierung, weniger auffällig als andere Waffen.
- **Ideal für:** Spieler, die Verteidigung und methodische Kämpfe über auffällige Kombos stellen.

Gunlance: Explosive Kraft mit defensivem Vorteil

Die **Gunlance** kombiniert die defensiven Fähigkeiten der Lanze mit explosiven Artilleriefähigkeiten. Er verfügt über Granatenangriffe, aufgeladene Explosionen und sogar einen mächtigen **Feuerschuss des Wyvern**. Während sie den defensiven Charakter der Lanze teilt, verleiht die Gunlance dem Kampf eine aggressive, explosive Wendung.

- **Stärken:** Hoher Burst-Schaden, starke Verteidigung, explosive Angriffe.
- **Schwächen:** Eingeschränkte Mobilität, Beschuss verringert die Schärfe schnell, komplexe Mechanik.
- **Ideal für:** Spieler, die eine defensive Rolle genießen, sich aber nach explosiven Offensivoptionen sehnen.

Switch Axe: Der Hybride im Wandel

Die **Switch-Axt** ist eine vielseitige Waffe, die zwischen zwei Formen wechselt: einer weit reichenden Axt und einem mächtigen Schwertmodus. Die Axtform bietet weite, weitreichende Angriffe, während der Schwertmodus schnelle, schadensstarke Schläge mit Elementarentladungen austeilt.

- **Stärken:** Vielseitigkeit im Spielstil, starke Elementar-Burst-Angriffe, gute Reichweite.
- **Schwächen:** Die Verwaltung der Pegelstände ist komplex zu meistern und kann eine Herausforderung darstellen.
- **Ideal für:** Spieler, die dynamische, flexible Kampfstile mit transformierenden Mechaniken mögen.

Charge Blade: Technische Meisterschaft und verheerender Schaden

Die **Charge Blade** ist eine komplexe Waffe, die zwischen einem Schwert- und Schildmodus für die Verteidigung und einem massiven Axtmodus für mächtige Angriffe wechselt. Es erfordert präzises Timing, um Energie aufzubauen und verheerende Elementarentladungsangriffe zu entfesseln.

- **Stärken:** Hohes Schadenspotenzial, starke Verteidigung, vielseitiger Spielstil.
- **Schwächen:** Steile Lernkurve, erfordert ständiges Messgerätmanagement.
- **Ideal für:** Spieler, die Spaß daran haben, technische Mechaniken zu beherrschen und Kombos zu belohnen.

Insektenglefe: Luftakrobatik und Kinsektensynergie

Die **Insektenglefe** zeichnet sich durch ihre Mobilität aus und ermöglicht es Jägern, für dynamische Luftangriffe in die Luft zu springen. Es verfügt auch über ein **Kinsekt**, das ausgesandt werden kann, um Buffs von Monstern zu extrahieren und so deine Fähigkeiten während des Kampfes zu verbessern.

- **Stärken:** Hohe Mobilität in der Luft, Selbststärkung durch Kinsektenextrakte, rasante Kämpfe.
- **Schwächen:** Geringerer Rohschaden, erfordert Multitasking zwischen Waffen- und Kinsektenmanagement.
- **Ideal für:** Spieler, die agile, akrobatische Kämpfe und strategische Buffs mögen.

Bogen: Präzisions-Fernkampfangriffe

Der **Bogen** bietet schnelle, präzise Fernkampfangriffe mit der Fähigkeit, Schüsse aufzuladen, um den Schaden zu erhöhen. Es ermöglicht Jägern, Distanz zu halten und gleichzeitig Elementar- oder Statuseffekte effektiv anzuwenden.

- **Stärken:** Hohe Mobilität, starker Elementarschaden, vielseitige Schussarten.
- **Schwächen:** Das Ausdauermanagement ist entscheidend, im Nahkampf weniger effektiv.
- **Ideal für:** Spieler, die Fernkampf mit schnellen, flüssigen Bewegungen bevorzugen.

Leichtes Bogengewehr: Agile Feuerkraft

Die **Light Bowgun (LBG)** bietet schnelle, wendige Fernkampfangriffe mit Schnellfeuerfähigkeiten. Er ist äußerst vielseitig und unterstützt verschiedene Munitionstypen für unterschiedliche Effekte, einschließlich Statusbeeinträchtigungen und Elementarschaden.

- **Stärken:** Hohe Mobilität, schnelle Feuerrate, vielseitige Munitionsauswahl.
- **Schwächen:** Geringerer Rohschaden im Vergleich zu schweren Waffen, hängt stark vom Munitionsmanagement ab.
- **Ideal für:** Spieler, die rasante Fernkampfe mit taktischer Vielseitigkeit mögen.

Schwere Bogenkanone : Verheerende Artillerie mit großer Reichweite

Die **Schwere Bogenkanone (HBG)** ist ein Kraftpaket der Fernkampfzerstörung. Er verursacht massiven Schaden mit mächtigen Munitionstypen wie **Wyvernheart** und **Wyvernsnipe**. Er opfert zwar seine Beweglichkeit für seine Feuerkraft, aber seine schiere Zerstörungskraft macht ihn zu einer Macht, mit der man rechnen muss.

- **Stärken:** Unübertroffener Fernkampfschaden, Zugang zu mächtigen Munitionstypen, Dominanz auf große Entfernung.
- **Schwächen:** Langsame Bewegung, verwundbar beim Nachladen, eingeschränkt im Nahkampf.
- **Ideal für:** Spieler, die schwere Artillerie und Scharfschützen auf große Entfernungen mit verheerenden Ergebnissen bevorzugen.

2.2 DIE BESTEN WAFFEN FÜR VERSCHIEDENE SPIELSTILE

In *Monster Hunter Wilds* liegt die Schönheit der Jagd in ihrer Vielfalt, nicht nur in den Monstern, denen du gegenüberstehst, sondern auch in der Art und Weise, wie du dich entscheidest, sie zu bekämpfen. Jeder Jäger bringt eine einzigartige Herangehensweise an das Schlachtfeld mit, die von persönlichen Vorlieben, strategischen Denkweisen und Kampfzielen beeinflusst wird. Egal, ob du unerbittliche Offensive, taktische Verteidigung, unterstützende Rollen oder agile Manöver bevorzugst, es gibt eine Waffe, die perfekt zu deinem Spielstil passt.

In diesem Abschnitt findest du die besten Waffen basierend auf gängigen Spielstilen und findest heraus, welches Arsenal zu deinen Stärken passt und dein Jagderlebnis verbessert.

OFFENSIVER SPIELSTIL: FÜR DIE AGGRESSIVEN SCHADENSVERURSACHER

Wenn du deine Feinde mit roher Kraft, schnellen Schlägen und unerbittlichem Druck überwältigen willst, ist ein offensiver Spielstil deine Berufung. Der Schlüssel hier liegt darin, den Schadensausstoß zu maximieren und gleichzeitig die Kontrolle über das Kampftempo zu behalten.

Beste Waffenauswahl:

- **Großes Schwert:**

    o **Warum es großartig ist:** Massives Schadenspotenzial mit aufgeladenen Angriffen, die Monsterteile dezimieren können. Ideal für Jäger, die Präzision der Geschwindigkeit vorziehen.
    o **Tipp zum Spielstil:** Konzentriere dich darauf, voll aufgeladene Hiebe zu landen, wenn Monster zu Boden gehen oder abgelenkt sind.
- **Doppelte Klingen:**

    o **Warum es großartig ist:** Blitzschnelles Angriffstempo mit dem Dämonen-Modus, perfekt zum Stapeln von Elementarschaden und Statuseffekten.
    o **Tipp für den Spielstil:** Behalte deine Ausdauer im Dämonenmodus im Auge, um bei langen Kombos nicht verwundbar zu werden.
- **Klinge angreifen:**

    o **Warum es großartig ist:** Hoher Burst-Schaden durch Elementarentladungen nach dem Aufbau von Energie. Es ist vielseitig und ermöglicht sowohl defensive als auch aggressive Haltungen.
    o **Tipp zum Spielstil:** Lerne, wie du Phiolen effizient handhastest, um verheerende Super-Amped-Angriffe mit Elementarentladung zu entfesseln.

DEFENSIVER SPIELSTIL: FÜR DIE TAKTISCHEN HÜTER

Jäger, die eine kalkulierte, methodische Herangehensweise bevorzugen, tendieren oft zu defensiven Spielstilen. Dazu gehört es, die Aggression von Monstern zu bewältigen, Schaden zu absorbieren und sichere Öffnungen für Gegenangriffe zu schaffen.

Beste Waffenauswahl:

- **Lanze:**

    o **Warum es großartig ist:** Unvergleichliche Verteidigungsfähigkeiten mit starker Deckungsmechanik und präzisen Stoßangriffen.
    o **Tipp für den Spielstil:** Meistere die perfekte Abwehr, um Ausdauer zu schonen und Möglichkeiten für Gegenstöße zu schaffen.
- **Gewehrlanze:**

    o **Warum es großartig ist:** Kombiniert solide Verteidigung mit explosiver Offensive durch Beschuss und Wyverns Feuerangriffe.
    o **Tipp für den Spielstil:** Setze Granaten strategisch ein, um konstanten Schaden zu verursachen, selbst wenn du gezwungen bist, in der Defensive zu bleiben.
- **Schwert & Schild:**

    o **Warum es großartig ist:** Ausgewogene Offensive und Defensive mit der Möglichkeit, zu verteidigen und gleichzeitig mobil zu bleiben. Außerdem kannst du Gegenstände verwenden, ohne deine Waffe in die Scheide zu stecken.
    o **Tipp für den Spielstil:** Nutze den Schildschlag für schnelle Betäubungen und behalte dabei eine solide Verteidigungshaltung bei.

UNTERSTÜTZENDER SPIELSTIL: FÜR DIE TEAMORIENTIERTEN JÄGER

Wenn es dir Spaß macht, dein Team zu stärken, das Schlachtfeld zu kontrollieren und Buffs zu vergeben, ist ein unterstützender Spielstil perfekt. Unterstützungsjäger spielen eine entscheidende Rolle, insbesondere bei Multiplayer-Jagden, und sichern das Überleben und die Effizienz des Teams.

Beste Waffenauswahl:

- **Jagdhorn:**

    - o **Warum es großartig ist: Bietet** mächtige Team-Buffs und verursacht gleichzeitig erheblichen stumpfen Schaden, mit dem Monster betäubt werden können.
    - o **Spielstil-Tipp:** Lerne Song-Rotationen, um Buffs aktiv zu halten, und unterschätze nicht dein KO-Potenzial im Kampf.

- **Leichtes Bogengewehr:**

    - o **Warum es großartig ist:** Bietet Vielseitigkeit mit statusverleihender Munition (Schlaf, Lähmung, Gift) und schnelle Mobilität, um Deckungsfeuer zu bieten.
    - o **Tipp für den Spielstil:** Konzentriere dich auf die Statusunterstützung und disaktiviere Monster, um sichere Zeitfenster für die Angriffe deines Teams zu schaffen.

- **Insektenglefe:**

    - o **Warum es großartig ist: Bietet** Mobilität in der Luft und Buffs durch Kinsekt-Extrakte, wodurch es sich hervorragend für die Kontrolle des Raums und die Unterstützung von bodengebundenen Teamkameraden eignet.
    - o **Tipp für den Spielstil:** Nutze deine Beweglichkeit in der Luft, um Monster abzulenken und die Aufmerksamkeit von verwundbaren Verbündeten abzulenken.

AGILER SPIELSTIL: FÜR DIE SPEED-ENTHUSIASTEN

Für Jäger, die auf Geschwindigkeit, flüssige Bewegungen und schnelle Reflexe stehen, liegt ein agiler Spielstil eher auf dem Ausweichen als auf

Blocken, Hit-and-Run-Taktiken und dem Ausnutzen von Monsterschwächen mit Präzisionsschlägen.

Beste Waffenauswahl:

- **Insektenglefe:**

  - **Warum es großartig ist:** Unübertroffene Mobilität in der Luft, die es dir ermöglicht, in die Luft zu springen und von oben anzugreifen, um bodengestützten Gefahren auszuweichen.
  - **Tipp für den Spielstil:** Verkette Luftkombos für anhaltende Angriffe, während du dich außerhalb der Reichweite gefährlicher Bodenangriffe befindest.

- **Doppelte Klingen:**

  - **Warum sie großartig ist:** Die schnellste Nahkampfwaffe, perfekt, um um Monster herumzusprinten und schnelle Kombos aus mehreren Winkeln auszuführen.
  - **Tipp für den Spielstil:** Nutze den Dämonen-Modus, um aggressiv zu bleiben, aber verwalte deine Ausdauer sorgfältig, um beweglich zu bleiben.
- **Bogen:**

  - **Warum es großartig ist:** Hohe Beweglichkeit mit aufgeladenen Schüssen und schnellen Ausweichmanövern, die anhaltenden Schaden ermöglichen, ohne in Gefahr zu geraten.
  - **Tipp für den Spielstil:** Halte Abstand, nutze elementare Schwächen aus und bleibe in Bewegung, um nicht in die Enge getrieben zu werden.

FERNKAMPF-SPIELSTIL: FÜR DIE SCHARFSCHÜTZEN UND SCHÜTZEN

Für Jäger, die es vorziehen, aus der Ferne Schaden zu verursachen, Kämpfe mit präzisen Schüssen zu kontrollieren und Nahkämpfe zu vermeiden, bietet der Fernkampf-Spielstil mächtige Werkzeuge, um aus der Ferne zu dominieren.

Beste Waffenauswahl:

- **Schwere Bogenkanone:**

  - **Warum es großartig ist:** Bietet massive Feuerkraft mit speziellen Munitionstypen, die in der Lage sind, Monster aus der Ferne zu dezimieren.
  - **Tipp zum Spielstil:** Positionierung ist entscheidend: Finde sichere Aussichtspunkte und setze Wyvernsnipe oder Wyvernheart ein, um maximalen Schaden zu verursachen.

- **Leichtes Bogengewehr:**

  - **Warum es großartig ist:** Bietet schnelle Feuerraten, hohe Mobilität und eine Vielzahl von Munition für Statuseffekte und Elementarschaden.
  - **Tipp für den Spielstil:** Verwende Schnellfeuermunition, um den Druck aufrechtzuerhalten, und weiche häufig aus, um sicher zu bleiben.

- **Bogen:**

  - **Warum es großartig ist:** Eine perfekte Mischung aus Mobilität und Präzision, mit der Möglichkeit, Schüsse aufzuladen und Beschichtungen für zusätzliche Effekte aufzutragen.
  - **Tipp für den Spielstil:** Lerne, Schüsse effizient aufzuladen und deine Ausdauer zu managen, um sowohl offensiven Druck als auch Ausweichmanöver aufrechtzuerhalten.

AUSGEWOGENER SPIELSTIL: FÜR DEN TAUSENDSASSA

Einige Jäger bevorzugen Flexibilität, die sich an jede Situation anpassen kann und Angriff, Verteidigung und Unterstützung nahtlos ausbalanciert. Ein ausgewogener Spielstil sorgt dafür, dass du nie aus deinem Element herauskommst, egal auf welcher Jagd.

Beste Waffenauswahl:

- **Schalter-Axt:**

  - o **Warum es großartig ist: Bietet** Vielseitigkeit sowohl mit weitreichenden Axtangriffen als auch mit Schwertmodus mit hohem Schaden.
  - o **Tipp zum Spielstil:** Erfahre, wann du die Form wechseln solltest, um maximale Effizienz zu erzielen: den Axtmodus für Reichweite und den Schwertmodus für Burst-Schaden.

- **Schwert & Schild:**

  - o **Warum es großartig ist:** Kombiniert schnelle Angriffe, solide Verteidigung und Gegenstandseinsatz, wodurch es an fast jede Situation angepasst werden kann.
  - o **Tipp für den Spielstil:** Nutze seine Beweglichkeit, um sich in den Kampf hinein- und wieder herauszubewegen, Druck auszuüben und dabei sicher zu bleiben.

- **Klinge angreifen:**

  - o **Warum sie großartig ist:** Eine technische Waffe, die sowohl eine starke Verteidigung als auch einen explosiven Angriff bietet und für verschiedene Kampfszenarien geeignet ist.
  - o **Spielstil-Tipp:** Halte dir die Zeit zwischen dem Aufbau von Energie und der Entladung mächtiger Phiolenentladungen.

2.3 HERSTELLEN UND VERBESSERN VON RÜSTUNGSSETS

In *Monster Hunter Wilds* ist deine Rüstung nicht nur eine kosmetische Wahl, sondern ein entscheidender Bestandteil deines Überlebens. Das richtige Set kann deine Verteidigung stärken, deine Stärken verbessern und dir sogar lebenswichtige Resistenzen gegen die verschiedenen Monster verleihen, denen du gegenüberstehst. Das Herstellen und Aufrüsten von Rüstungen ist ein nuancierter Prozess, bei dem Materialien aus der Umgebung und deiner gefallenen Beute kombiniert werden. Dieses Kapitel führt euch durch die wesentlichen Aspekte der Herstellung und Aufrüstung von Rüstungen und stellt sicher, dass ihr immer für die kommenden Herausforderungen gerüstet seid.

FERTIGE DEIN ERSTES RÜSTUNGSSET

Wenn du deine Reise in *Monster Hunter Wilds zum ersten Mal beginnst*, mag die Herstellung von Rüstungen wie eine überwältigende Aufgabe erscheinen. Es ist jedoch ein wesentlicher Bestandteil des Fortschritts im Spiel, und das Verständnis der Grundlagen wird dir helfen, von Anfang an fundierte Entscheidungen zu treffen.

Schritt-für-Schritt-Herstellungsprozess:

1. **Sammeln von Materialien:**
   Rüstungssets benötigen spezielle Materialien, die oft von Monstern fallen gelassen oder in verschiedenen Ressourcenknoten gefunden werden. Die Teile jedes Monsters wie Schuppen, Reißzähne, Klauen und Häute werden für verschiedene Arten von Rüstungen verwendet. Einige Materialien können auch aus der Umwelt gesammelt werden, wie Erze und Kräuter.

2. **Die Wahl des richtigen Rüstungssets:**
   Zu Beginn des Spiels sind deine Möglichkeiten vielleicht begrenzt, aber du kannst Sets herstellen, die eine gute Balance zwischen Verteidigung und Elementarwiderstand bieten. Später, im Laufe deines Fortschritts, schaltest du Zugang zu spezielleren Sets frei, die auf verschiedene Kampfstrategien zugeschnitten sind.

3. **Herstellung der Rüstung:**
   Sobald du alle benötigten Materialien hast, begib dich zum Schmied oder zur Handwerksstation in deiner Basis. Hier kannst du deine gesammelten Materialien kombinieren, um deine erste Rüstung zu schmieden. Dieser Prozess kann die Kombination von Teilen desselben Monsters oder einer Mischung aus verschiedenen Kreaturen beinhalten, je nach deinen Bedürfnissen.

4. **Rüstungswerte verstehen:**
   Rüstungssets haben verschiedene Werte, darunter Verteidigung, Elementarwiderstände und Setboni. Achten Sie auf diese, da sie Ihnen helfen werden, härtere Jagden zu überleben. Halte Ausschau nach Sets, die Boni auf bestimmte Attribute bieten, die zu deinem Spielstil passen, wie z. B. Feuerwiderstand für den Kampf gegen feurige Monster oder Affinitäts-Boosts für erhöhte kritische Trefferchancen.

AUFRÜSTUNG DER RÜSTUNG FÜR ERHÖHTE STÄRKE

Im Laufe des Spiels in *Monster Hunter Wilds* werden deine anfänglichen Rüstungssets gegen stärkere und gefährlichere Monster weniger effektiv. Das Aufrüsten deiner Rüstung ist ein wesentlicher Bestandteil, um mit der zunehmenden Schwierigkeit der Jagd Schritt zu halten.

Upgrade-Prozess:

1. **Verwendung von Aufwertungsmaterialien:**
   Um deine Rüstung aufzuwerten, musst du spezielle Aufwertungsmaterialien sammeln. Diese Materialien erhält man oft durch die Jagd auf stärkere Monster oder das Abschließen hochstufiger Quests. Einige Upgrades erfordern Materialien von selteneren Monstern, also sei darauf vorbereitet, dich härteren Herausforderungen zu stellen.

2. **Verbesserung der Verteidigung und der Elementarwiderstände:**
   Rüstungs-Upgrades verbessern im Allgemeinen den Grundverteidigungswert deines Sets und machen dich im Kampf widerstandsfähiger. Zusätzlich kannst du Elementarwiderstände (z. B. Feuer, Eis, Donner) verbessern, um den Schaden bestimmter Monster, die Elementarschaden verursachen, zu verringern.

3. **Verbesserung von Setboni:**
   Viele Rüstungssets sind mit einem Setbonus ausgestattet, der euch einzigartige Fähigkeiten oder Buffs gewährt, wenn ihr das komplette Set tragt. Das Aufrüsten dieser Sets kann diese Boni verbessern und erhebliche Vorteile wie erhöhte Ausdauerregeneration, bessere Gesundheitsregeneration oder erhöhten Schadensausstoß bieten.

4. **Maximieren Sie Ihre Rüstung:**
   Während eines Upgrades erreichen Sie bestimmte Meilensteine, bei denen Ihre Rüstung maximiert werden kann, was sie wirklich beeindruckend macht. An diesem Punkt hast du Zugriff auf die besten Verteidigungswerte und die stärksten Resistenzen. Das Maximum eines Rüstungssets erfordert oft viel Aufwand und

Material von Monstern im späten Spiel, also plane deine Jagden sorgfältig

DIE WAHL DER RICHTIGEN RÜSTUNG FÜR BESTIMMTE MONSTER

Jedes Monster in *Monster Hunter Wilds* hat seine eigenen elementaren und physischen Angriffe, was bedeutet, dass bestimmte Rüstungssets besser für bestimmte Begegnungen geeignet sind. Wenn du diese Nuancen verstehst, verschaffst du dir einen Vorteil im Kampf und stellst sicher, dass du nicht überrascht wirst.

Wichtige Überlegungen bei der Auswahl der Rüstung:

1. **Elementarwiderstände:**
   Monster haben oft elementare Eigenschaften, die erheblichen Schaden verursachen können. Um zum Beispiel gegen einen feuerspeienden Drachen zu kämpfen, ist eine Rüstung erforderlich, die einen hohen Feuerwiderstand bietet. Achte auf die Elementarangriffe der Monster, die du ins Visier nimmst, und rüste dich mit einer Rüstung aus, die den besten Schutz bietet.

2. **Monsterspezifische Rüstungssets:**
   Einige Rüstungssets wurden speziell entwickelt, um bestimmte Monster zu kontern. Zum Beispiel kann ein Rüstungsset, das aus Materialien hergestellt wurde, die von einem wasserbasierten Monster fallen gelassen wurden, einen hohen Wasserwiderstand bieten, was es ideal für den Kampf gegen andere Wasserlebewesen macht.

3. **Physische Verteidigung vs. Elementarwiderstand:**
   Während die physische Verteidigung für das allgemeine Überleben unerlässlich ist, erfordern einige Begegnungen einen besonderen Fokus auf Elementarresistenzen. Wenn du es mit einem Monster zu tun hast, das für seine verheerenden Elementarangriffe bekannt ist, solltest du eine Rüstung wählen, die den Schaden dieses Elements verringern kann, auch wenn das bedeutet, dass du ein wenig physische Verteidigung opfern musst.

4. **Aufrüstung für Monsterschwächen:**
   Das Aufrüsten deiner Rüstung für bestimmte

Monsterbegegnungen kann einen großen Unterschied machen. Halte Ausschau nach einer Rüstung, die die Schwächen des Monsters ausgleicht, sei es die Elementarresistenz oder die Verringerung des Schadens durch bestimmte Angriffe.

SPEZIELLE RÜSTUNGSSETS UND ENDGAME-AUSRÜSTUNG

Im Laufe des Endspiels wird das Crafting- und Upgrade-System komplexer und bietet Rüstungssets, die speziell für hochstufige Jagden und extreme Herausforderungen entwickelt wurden. Diese Sets sind mit mächtigen Attributen und Resistenzen ausgestattet, die das Blatt im Kampf zu deinen Gunsten wenden können.

Bemerkenswerte Endgame-Rüstungssets:

1. **Legendäre Sets:**
   Diese Sets sind oft an die härtesten Monster im Spiel gebunden. Sie bieten eine hohe Verteidigung, mächtige Setboni und verbesserte Resistenzen. Legendäre Rüstungen können dir den Vorteil verschaffen, den du in den härtesten Endgame-Jagden brauchst.

2. **Monsterspezifische Rüstungsboni:**
   Einige Rüstungssets bieten Boni, die dir helfen, bestimmte Bosskämpfe oder hochstufige Monstereigenschaften zu kontern. Zum Beispiel kann eine Rüstung mit einem Bonus auf Betäubungsresistenz von unschätzbarem Wert sein, wenn man es mit Monstern zu tun hat, die häufig Betäubungsattacken einsetzen.

3. **Rüstung für maximale Effizienz anpassen:**
   Wenn du die höchsten Stufen des Spiels erreichst, kannst du die Attribute deiner Rüstung mit einzigartigen Aufwertungsmaterialien weiter verfeinern. Diese Verbesserungen ermöglichen eine erhöhte Überlebensfähigkeit und zusätzliche Werte-Boosts, was deinen Jäger zu einer unaufhaltsamen Macht macht.

4. **Endgame-Handwerksmaterialien:**
   Um die beste Rüstung herzustellen oder zu verbessern, benötigst du seltene und mächtige Materialien, die von den härtesten

Monstern fallen gelassen werden. Diese Materialien sind oft schwer zu bekommen und erfordern mehrere erfolgreiche Jagden oder die Teilnahme an Multiplayer-Sitzungen, um genügend Ressourcen für dein endgültiges Set zu sammeln.

2.4 VERSTECKTE WAFFENFÄHIGKEITEN UND WIE MAN SIE FREISCHALTET

In *Monster Hunter Wilds* sind die Waffen, die dir zur Verfügung stehen, weit mehr als nur Werkzeuge für den Kampf; sie sind dein Schlüssel, um das komplizierte Kampfsystem des Spiels zu meistern. Während die Grundfähigkeiten und Kombos jeder Waffe weithin bekannt sind, können versteckte Waffenfähigkeiten deine Kampftechniken auf die nächste Stufe heben. Diese Fähigkeiten werden oft durch bestimmte Bedingungen freigeschaltet, wie z. B. das Besiegen bestimmter Monster, das Erreichen bestimmter Meilensteine oder das Meistern bestimmter Spielstile.

Dieses Kapitel führt dich durch den Prozess des Freischaltens versteckter Waffenfähigkeiten und vermittelt dir das Wissen, um die Kraft deiner Waffenauswahl voll auszuschöpfen. Egal, ob du ein Großschwert, einen Bogen oder zwei Klingen verwendest, diese versteckten Fähigkeiten können dir in der Hitze des Gefechts einen deutlichen Vorteil verschaffen.

FREISCHALTEN VERSTECKTER FÄHIGKEITEN DURCH WAFFENMEISTERSCHAFT

Eine der häufigsten Möglichkeiten, versteckte Waffenfähigkeiten freizuschalten, ist der Fortschritt und die Beherrschung bestimmter Waffen. Wenn du eine bestimmte Waffe auf der Jagd einsetzt, verbessern sich deine Fähigkeiten und versteckte Fähigkeiten werden verfügbar.

Meisterschaftsfortschritt:

1. **Waffengebrauch und Fertigkeit:**
   Jedes Mal, wenn du eine Waffe im Kampf schwingst, erhöhst du deine Fertigkeit mit dieser Waffe. Je öfter du eine Waffe benutzt, desto mehr entfesselst du ihr Potenzial. Wenn du eine höhere Stufe der Waffenfertigkeit erreichst, werden neue Fähigkeiten oder Verbesserungen verfügbar, die oft eine bestimmte Anzahl

von Angriffen oder Kombos erfordern, die während der Jagd ausgeführt werden.

2. **Waffenrang und Fähigkeitsstufen:**
   Waffen in *Monster Hunter Wilds* gibt es mit unterschiedlichen Rangstufen, die jeweils die Möglichkeit bieten, versteckte Fähigkeiten freizuschalten. Bei diesen Fähigkeiten handelt es sich oft um mächtigere Versionen der Grundfähigkeiten der Waffe oder um einzigartige Moves, die dir mehr taktische Vorteile verschaffen. Das Erreichen höherer Ränge schaltet oft zusätzliche Slots für die Anpassung von Fertigkeiten frei.

3. **Konzentriere dich auf bestimmte Kombos:**
   Viele versteckte Fähigkeiten sind mit der Ausführung bestimmter Kombos oder Aktionen während der Jagd verbunden. Zum Beispiel können bestimmte Fähigkeiten freigeschaltet werden, wenn man eine Reihe von Angriffen innerhalb eines Zeitlimits ausführt oder Spezialbewegungen in kritischen Momenten aktiviert. Wenn du auf diese Kombos achtest und sie während des Kampfes übst, werden nach und nach neue Fähigkeiten freigeschaltet.

4. **Waffenspezifische Erfolge:**
   In einigen Fällen sind versteckte Fähigkeiten an das Abschließen bestimmter Erfolge gebunden, die mit deiner Waffe zu tun haben, wie z. B. das Zerbrechen von Teilen von Monstern auf eine bestimmte Weise oder das Ausführen perfekter Ausweichmanöver nach bestimmten Angriffen. Diese Meilensteine können in deinem Erfolgsprotokoll nachverfolgt werden, was dir einen klaren Weg gibt, dem du folgen kannst, um diese fortgeschrittenen Fähigkeiten freizuschalten.

SCHALTE VERSTECKTE FÄHIGKEITEN FREI, INDEM DU MONSTER BESIEGST

In *Monster Hunter Wilds* sind viele versteckte Waffenfähigkeiten an die Monster gebunden, die du jagst. Wenn du bestimmte Kreaturen besiegst, schaltest du bestimmte Fähigkeiten frei, die die Stärken deiner Waffe ergänzen und dir helfen, deinen Spielstil an verschiedene Feinde anzupassen.

Wie Monsterjagden Fähigkeiten freischalten:

1. **Monsterspezifische Fähigkeiten: Bestimmte**
   Monster lassen einzigartige Materialien fallen, die an spezielle Waffenfähigkeiten gebunden sind. Wenn du zum Beispiel ein zähes, feuerspeiendes Monster besiegst, kannst du feuerdurchdrungene Angriffe für deine Waffen freischalten, mit denen du mit deinen Schlägen Elementarschaden verursachen kannst. Andere Monster können neue Attacken wie Ladeangriffe oder mächtigere Kombos als Teil ihrer Belohnung gewähren.

2. **Schwächen für versteckte Fähigkeiten anvisieren:**
   Einige versteckte Fähigkeiten werden freigeschaltet, indem die besondere Schwäche eines Monsters ausgenutzt wird. Bei Monstern mit starker Elementarverteidigung musst du zum Beispiel bestimmte Elementarwaffen oder -angriffe auf präzise Weise einsetzen. Wenn du diese Techniken beherrschst und diese Kreaturen erfolgreich besiegst, werden verborgene Fähigkeiten freigeschaltet, die dir bei zukünftigen Jagden einen Vorteil verschaffen.

3. **Hochstufige Jagden und seltene Monster:**
   Die mächtigsten versteckten Fähigkeiten werden oft freigeschaltet, nachdem du seltene, hochstufige oder Endgame-Monster besiegt hast. Diese Jagden sind herausfordernd, bieten aber großartige Belohnungen in Form von fortgeschrittenen Waffenfähigkeiten. Diese Fähigkeiten können deine Herangehensweise an den Kampf drastisch verändern und es dir ermöglichen, im Feld vielseitiger zu werden.

4. **Materialfreischaltungen:**
   Wenn du ein Monster besiegst, kannst du seltene Teile sammeln, die nicht nur zum Herstellen und Aufrüsten deiner Ausrüstung, sondern auch zum Freischalten bestimmter Waffenfähigkeiten verwendet werden. Je schwieriger das Monster, desto seltener die Materialien und desto mächtiger die versteckte Waffenfähigkeit, die freigeschaltet werden kann.

ANPASSUNG UND WAFFEN-SKILL-BAUM

Im Laufe des Spiels schaltest du die Möglichkeit frei, deine Waffen und deren Fähigkeiten über den Waffenfertigkeitsbaum weiter anzupassen. Dieses System ermöglicht es dir, deine Waffe so zu spezialisieren, dass sie zu deinem Kampfstil passt und deinem Gameplay eine zusätzliche Tiefe verleiht.

Übersicht über den Waffenfertigkeitsbaum:

1. **Freischalten von Zweigen und Knoten:**
   Jede Waffe hat ihren eigenen Fähigkeitenbaum, mit verschiedenen Knoten, die unterschiedliche Fähigkeiten repräsentieren. Wenn du diese Knoten freischaltest, erhältst du Zugang zu neuen Fähigkeiten, wie z. B. schnellerer Angriffsgeschwindigkeit, erhöhtem Elementarschaden oder sogar völlig neuen Moves, die den Kampffluss verändern. Im Skill-Baum kannst du auch die versteckten Fähigkeiten freischalten, die mit bestimmten Waffen oder Monstern verbunden sind.

2. **Ressourcenzuweisung:**
   Um diese Fähigkeiten freizuschalten, musst du bestimmte Ressourcen investieren, wie z. B. Monstermaterialien oder Spielwährung. Das bedeutet, dass das Freischalten versteckter Fähigkeiten ein ausgewogenes Verhältnis von Zeit für die Jagd und das Ressourcenmanagement erfordert. Konzentriere dich darauf, die notwendigen Materialien zu sammeln, um die spezifischen Fähigkeiten freizuschalten, die am besten zu deinem Spielstil passen.

3. **Fertigkeitssynergien:**
   Viele versteckte Waffenfertigkeiten funktionieren am besten, wenn sie mit bestimmten Fähigkeiten aus anderen Waffen oder Rüstungssets kombiniert werden. Experimentiere mit verschiedenen Kombinationen von Fähigkeiten, um Synergien zu entdecken, die deine Kampfeffizienz maximieren. Einige Fertigkeiten ergänzen Elementarangriffe, während andere die Chance auf kritische Treffer oder die Ausdauerregeneration erhöhen und dir eine Vielzahl von Möglichkeiten bieten, den Kampf anzugehen.

4. **Erweiterte Fähigkeitsanpassung:**
   Auf den höchsten Stufen kannst du die Fähigkeiten deiner Waffe vollständig anpassen, einschließlich versteckter Fähigkeiten. Auf

diese Weise kannst du eine Waffe bauen, die perfekt zu deinen bevorzugten Taktiken passt, egal ob es darum geht, schnelle, schadensreiche Kombos auszuführen oder deine Schläge mit Elementarkraft zu versehen. Nimm dir die Zeit, den gesamten Skill-Baum zu erkunden, um das verborgene Potenzial deiner Waffen freizuschalten.

TIPPS ZUM FREISCHALTEN ALLER FÄHIGKEITEN FÜR VERSTECKTE WAFFEN

Das Freischalten versteckter Waffenfähigkeiten erfordert Zeit, Hingabe und Beherrschung der Waffe deiner Wahl. Hier sind einige Tipps, um sicherzustellen, dass Sie alle möglichen verfügbaren Fähigkeiten freischalten:

1. **Experimentiere mit Waffentypen:**
   Konzentriere dich nicht nur auf einen Waffentyp. Wenn du mit verschiedenen Waffenklassen experimentierst, wirst du mit verschiedenen versteckten Fähigkeiten konfrontiert, von denen einige deinen Kampfstil besser ergänzen könnten.

2. **Konzentriere dich auf Waffenmeisterschaft:**
   Verbessere deine Waffenfähigkeit, indem du sie konsequent auf der Jagd einsetzt. Je öfter du eine Waffe benutzt, desto näher kommst du dem Freischalten ihrer verborgenen Fähigkeiten.

3. **Achte auf Erfolge und Meilensteine:**
   Behalte den Überblick über Erfolge und Meilensteine im Spiel, die an bestimmte Waffenfähigkeiten gebunden sind. Oft werden versteckte Fähigkeiten durch diese Bedingungen freigeschaltet, so dass du ein Auge darauf hast, um dein Ziel zu erreichen.

4. **Nimm an Multiplayer-Jagden teil:**
   Einige der seltensten und herausforderndsten Monster lassen sich in Multiplayer-Sessions leichter besiegen. Wenn du Gruppen beitrittst, kannst du schneller auf neue Monster zugreifen und seltene Fähigkeiten freischalten, als wenn du alleine jagst.

KAPITEL 3: BEHERRSCHUNG DER KAMPFMECHANIK

3.1 VERSTÄNDNIS DES KAMPFSYSTEMS UND DER STEUERUNG

In *Monster Hunter Wilds* ist das Kampfsystem so dynamisch und facettenreich wie die Kreaturen, die du jagen wirst. Egal, ob du alleine oder im Mehrspielermodus mit Freunden unterwegs bist, die Beherrschung der Kampfmechanik ist überlebenswichtig. Dieses Kapitel schlüsselt die Kernaspekte des Kampfes auf und hilft dir zu verstehen, wie du reibungslose, flüssige und strategische Kämpfe gegen die furchterregendsten Monster führen kannst.

Grundlagen des Kampfes: Der Spielstil des Jägers

Der Schlüssel zum Erfolg in *Monster Hunter Wilds* liegt in deiner Fähigkeit, dich an verschiedene Kampfszenarien anzupassen. Jede Waffenklasse bietet einen eigenen Spielstil, von rasanten Nahkämpfen bis hin zu taktischen Fernangriffen. Wenn du diese Unterschiede verstehst, kannst du das Beste aus deinem Arsenal herausholen und eine Kampfstrategie entwickeln, die auf deine Vorlieben zugeschnitten ist.

Nahkampf: Aus nächster Nähe:

- Nahkampfwaffen sind für Jäger, die es vorziehen, mitten im Geschehen zu sein. Das Großschwert, das Langschwert und die Doppelklingen wurden für Jäger entwickelt, die gerne die Lücke schließen und dem Monster direkt Schaden zufügen.
- Der Nahkampf erfordert die Beherrschung des Timings, egal ob es sich um Blocken, Ausweichen oder mächtige Kombos handelt, jede Aktion, die du ausführst, muss präzise sein.
- Konzentriere dich darauf, die Angriffskombos jeder Waffe zu lernen und wie du sie richtig aneinanderreihst, um maximalen Schaden zu verursachen. Das Meistern von Ausweichmanövern und Gegenangriffen wird ebenfalls der Schlüssel zum Überleben in engen Situationen sein.

Fernkampf: Präzision aus der Ferne:

- Wenn du es vorziehst, aus sicherer Entfernung anzugreifen, sind Fernkampfwaffen wie der Bogen, die leichte Bogenpistole und die schwere Bogenpistole deine erste Wahl. Diese Waffen erfordern eine kalkuliertere Herangehensweise an den Kampf, bei der Genauigkeit und Positionierung entscheidend sind.
- Der Kampfablauf mit Fernkampfwaffen erfordert Präzision beim Zielen, das Timing, wann man feuert, und das Wissen, wann man sich neu positionieren muss, um nicht von den Angriffen eines Monsters überwältigt zu werden.

Aufschlüsselung der Steuerung: Vom Jäger zum Meister

Die Steuerung in *Monster Hunter Wilds* ist intuitiv und dennoch tiefgründig und ermöglicht eine flexible Herangehensweise an den Kampf. Egal, ob du einen Controller oder eine Maus und Tastatur verwendest, es ist wichtig, dass du dich mit den Mechaniken vertraut machst, die jede Aktion steuern, vom Angriff über das Ausweichen bis hin zur Verwendung von Gegenständen.

Grundlegende Steuerung für den Kampf:

1. **Bewegung und Ausdauer:**

   o Im Kampf ist deine Bewegung direkt mit deiner Ausdauer verbunden. Jede Aktion, vom Ausweichen bis zum Sprinten, zehrt an der Ausdauer, daher ist es wichtig, deine Energie zu kontrollieren, um nicht überrascht zu werden. Lernen Sie, sich selbst einzuteilen und achten Sie auf Ihre Ausdauerleiste, um zu wissen, wann Sie aufs Ganze gehen können und wann Sie sich zurückziehen sollten, um sich aufzuladen.

2. **Angriffe und Kombos:**

   o Jede Waffe verfügt über ein grundlegendes Set an Angriffen, die zu mächtigen Kombos verkettet werden können. Wenn du diese Angriffssequenzen meisterst, kannst du hohen Schaden austeilen und gleichzeitig die Kontrolle über das Schlachtfeld behalten. Achte genau auf die Move-Liste deiner Waffe und das Timing jedes Angriffs, um deine Effektivität zu maximieren.

3. **Ausweichen und Ausweichen:**

   o Ausweichen ist eine der wichtigsten Mechaniken in *Monster Hunter Wilds*. Das Verständnis der Richtung und des Timings von Monsterangriffen ist der Schlüssel, um Schaden zu vermeiden. Mit ein paar Übungseinheiten lernst du, wie du im richtigen Moment aus dem Weg rollst oder sprintest, um nicht getroffen zu werden und dich gleichzeitig für den nächsten Angriff zu positionieren.

4. **Abwehr und Gegenangriff:**

   o Einige Waffen, wie das Großschwert und der Schild, bieten hervorragende Verteidigungsfähigkeiten. Zu lernen, wie man sich verteidigt und kontert, ist entscheidend, um schwierige Monsterbegegnungen zu überleben. Ein gut getimter Block oder Gegenangriff kann den Feind für verheerende Folgetreffer öffnen.

Fortgeschrittene Kampfaktionen:

1. **Spezialbewegungen und Fähigkeiten:**

   o Jeder Waffentyp verfügt über einzigartige Spezialbewegungen oder Fähigkeiten, die das Blatt im Kampf wenden können. Egal, ob es sich um den Geisterhieb des Langschwerts oder die Ladeschüsse des Bogens handelt, es kann einen großen Unterschied machen, zu verstehen, wann und wie man diese Fähigkeiten einsetzt. Diese Fähigkeiten haben oft eine Abklingzeit, daher ist es wichtig, sie strategisch einzusetzen, um Schlachten effizient zu gewinnen.

2. **Zielen und Präzision:**

   o Bei Fernkampfwaffen ist die Kontrolle über das Ziel unerlässlich. Das Fadenkreuz hilft dir, dein Ziel zu erfassen, aber fortgeschrittene Spieler lernen, wie sie ihre Schüsse während des Fluges anpassen können, um eine höhere Genauigkeit zu erzielen, insbesondere wenn sie es mit sich bewegenden Monstern oder angreifenden Schwachstellen zu tun haben.

3. **Waffenscheide und -wechsel:**

   o Das schnelle Ein- und Ausstecken der Waffe kann in der Hitze des Gefechts oft den Unterschied zwischen Leben und Tod ausmachen. Die Beherrschung des Timings für den Wechsel zwischen Waffen oder die Verwendung von Gegenständen, während du deine Umgebung im Auge behältst, verleiht deinem Kampfstil Vielseitigkeit.

4. **Wechselwirkungen mit der Umwelt:**

   o Das Gelände in *Monster Hunter Wilds* ist mehr als nur eine Hintergrundkulisse, es ist ein integraler Bestandteil des Kampfes. Lerne, die Umgebung zu deinem Vorteil zu nutzen, sei es, um dich hinter einem Felsen zu verstecken, um Gesundheit wiederherzustellen, Bäume als Deckung gegen Fernkampfangriffe zu nutzen oder Umweltgefahren auszulösen, um deinen Feinden Schaden zuzufügen.

Kampfstrategie und Vorbereitung:

Bevor du dich überhaupt auf einen Kampf einlässt, musst du dich vorbereiten. Das Sammeln der richtigen Ausrüstung, die Auswahl der besten Waffe und das Verhalten deines Monsters spielen eine Rolle für deinen Erfolg.

Vorbereitungen vor der Jagd:

1. **Die richtige Waffe auswählen:**

   o Denke an deinen Kampfstil und die Art des Monsters, das du jagen wirst. Wenn du es mit einer großen, sich langsam bewegenden Bestie zu tun hast, könnte eine schwere Waffe wie das Großschwert vorteilhafter sein. Wenn du es auf ein kleineres, wendigeres Monster abgesehen hast, könnte dir eine schnellere Waffe wie die Doppelklingen die Oberhand geben.

2. **Auswahl der richtigen Rüstung und Gegenstände:**

   o Rüste dich mit Rüstungen aus, die deine Kampffähigkeiten verbessern. Überlege, welche Werte (Verteidigung, Elementarwiderstand usw.) für den bevorstehenden Kampf am hilfreichsten sind. Vergiss nicht, nützliche

Gegenstände wie Fallen, Bomben oder Heiltränke mitzubringen, die dir bei der Jagd helfen.

Strategie im Kampf:

1. **Verhalten und Muster von Monstern:**

    o Jedes Monster hat seine eigenen Angriffsmuster. Wenn du ihre Bewegungen beobachtest und erkennst, wann sie kurz vor dem Angriff stehen, kannst du Schaden vermeiden und effektiv kontern. Wenn du dir die Zeit nimmst, zu lernen, wie sich jedes Monster bewegt und auf deine Angriffe reagiert, kannst du deine Strategie planen.

2. **Umgang mit Aggressionen:**

    o In manchen Kämpfen ist es besser, das Wartespiel zu spielen. Überstürzen Sie sich nicht; Warte stattdessen, bis das Monster einen Zug macht, bevor du konterst. Wenn du deine Angriffe zeitlich abstimmst und nicht zu gierig wirst, kannst du dich davor bewahren, dich tödlichen Schlägen auszusetzen.

3.2 DIE BESTEN STRATEGIEN FÜR SOLO- UND KOOP-JAGDEN

Egal, ob du dich in *Monster Hunter Wilds alleine auf den Weg machst* oder dich mit Freunden auf eine Koop-Jagd begibst, der Erfolg hängt davon ab, wie gut du dich an die jeweilige Situation anpasst. Solo-Jagden erfordern andere Taktiken als Multiplayer-Jagden, da die Herausforderungen und verfügbaren Ressourcen stark variieren. In diesem Abschnitt erfährst du die besten Strategien für Solo- und Koop-Jagden, um sicherzustellen, dass du ausgerüstet bist, um jedes Monster zu besiegen, das sich dir in den Weg stellt.

Solo-Jagden: Strategien für den einsamen Jäger

Solo-Jagden bieten ein intimeres Erlebnis, bei dem du dich auf deine Kampffähigkeiten und Taktiken konzentrieren kannst, ohne auf Teamkameraden angewiesen zu sein. Dies bringt jedoch seine eigenen Herausforderungen mit sich, insbesondere wenn man es mit größeren und aggressiveren Monstern zu tun hat. Hier sind einige wichtige Strategien, die Ihnen helfen, bei der Solo-Jagd erfolgreich zu sein:

1. Bereiten Sie sich auf ein langes Leben vor:

Bei Solo-Jagden ist es wichtig, auf längere Kämpfe vorbereitet zu sein, da du niemanden hast, auf den du dich verlassen kannst, wenn es um Heilung oder Unterstützung geht. Deckt euch mit Heilgegenständen, Buffs und Fallen ein, bevor ihr euch auf den Weg macht. Achte darauf, die richtige Rüstung mitzubringen, die Verteidigung und Mobilität in Einklang bringt. Du solltest auch Werkzeuge wie Blitzkapseln oder Fallenwerkzeuge mitbringen, um Monster außer Gefecht zu setzen und ihnen leicht Schaden zufügen zu können.

2. Meistere das Verhalten und die Schwächen von Monstern:

Bei der Solo-Jagd dreht sich alles um Geduld und Beobachtung. Bevor du angreifst, nimm dir Zeit, um die Angriffsmuster und Schwächen des Monsters zu studieren. Es ist wichtig zu wissen, wann man zuschlagen und wann man ausweichen muss. Nutze deine ersten Momente im Kampf, um das Verhalten des Monsters einzuschätzen, lerne seine Bewegungen, sein Timing und die Anzeichen, die darauf hindeuten, dass ein schwerer Angriff bevorsteht.

3. Verwalten Sie Ihre Ausdauer und Positionierung:

Da du der einzige bist, der Schaden verursacht, ist es wichtig, deine Ausdauer im Auge zu behalten. Wenn du eine Nahkampfwaffe wie das Großschwert oder den Hammer verwendest, lerne, wie du deine Ausdauer einteilst, um Erschöpfung während eines Kampfes zu vermeiden. Halte Abstand, wenn deine Ausdauer niedrig ist, oder wechsle zu Fernkampfangriffen, wenn du etwas Energie zurückgewinnen musst. Außerdem kann es dir helfen, Treffer zu landen, wenn du dich hinter dem Monster positionierst, ohne dich gefährlichen Angriffen auszusetzen.

4. Verwenden Sie Hit-and-Run-Taktiken:

Solo-Jäger müssen sich oft auf Hit-and-Run-Taktiken verlassen, besonders wenn sie es mit schnelleren Monstern zu tun haben. Vermeide es, den gesamten Schaden zu tanken, und konzentriere dich stattdessen auf den Angriff, wenn die Verteidigung des Monsters geschwächt ist. Warte auf eine Lücke, schlage schnell zu und ziehe dich zurück, bevor das Monster zurückschlagen kann. Dies wird dir helfen, seine Gesundheit zu verringern, ohne einen unnötigen Treffer zu riskieren.

Koop-Jagden: Strategien für den Gruppenerfolg

Koop-Jagden sind ein ganz anderes Biest. Mit mehreren Jägern hast du die Möglichkeit, dich zu koordinieren, Strategien zu entwickeln und den Schadensausstoß zu maximieren. Dies erfordert jedoch eine effektive Teamarbeit, um sicherzustellen, dass jeder seinen Teil dazu beiträgt. So gelingt dir eine Koop-Jagd:

1. Koordinieren Sie die Waffenauswahl:

Bei einer Koop-Jagd ist ein ausgewogenes Team der Schlüssel zum Erfolg. Im Idealfall sollte jeder Spieler eine Waffe wählen, die zu den Spielstilen der anderen passt. Wenn ein Spieler zum Beispiel eine Fernkampfwaffe wie die leichte Bogenpistole verwendet, könnte sich ein anderer Spieler für eine Nahkampfwaffe wie Schwert und Schild für den Nahkampf entscheiden. Eine Mischung aus Schadensarten (physisch, elementar usw.) ermöglicht es dem Team, die Schwächen des Monsters effektiver auszunutzen.

2. Konzentrieren Sie sich auf Rollen und Unterstützung:

Jedes Mitglied Ihres Teams sollte eine klare Rolle haben. Einige Spieler verursachen den Großteil des Schadens, während andere sich auf die Heilung, den Buff oder die Kontrolle des Monsters konzentrieren. Es ist wichtig, dass alle Spieler ihre Rollen verstehen, bevor die Jagd beginnt. Wenn du der Unterstützungsspieler bist, solltest du Tränke, Fallen und Heilgegenstände bei dir haben, um deinen Teamkameraden zu helfen. Wenn du der Schadensverursacher bist, konzentriere dich darauf, das Monster zu positionieren und immer unter Druck zu setzen.

3. Kommunikation und Timing:

Bei der Koop-Jagd ist Kommunikation entscheidend. Unabhängig davon, ob Sie einen Voice-Chat oder ein Ping-System verwenden, kann es den Unterschied zwischen Sieg und Niederlage ausmachen, mit Ihrem Team synchron zu bleiben. Lass dein Team wissen, wenn du deine Spezialfähigkeiten einsetzen wirst, wann du Heilung brauchst oder wenn das Monster kurz vor einem Angriff steht. Das Koordinieren von Aktionen wie das Verwenden von Fallen oder das Platzieren von Statusbeschwerden kann verheerende Angriffe auslösen, die alleine schwieriger durchzuführen sind.

4. Nutze die Schwächen des Monsters:

Wenn ihr in der Gruppe jagt, habt ihr mehr Möglichkeiten, die Schwächen des Monsters auszunutzen. Wenn mehrere Spieler aus verschiedenen Winkeln angreifen, können Monster leichter ins Taumeln gebracht werden, wodurch sie für kritische Treffer anfällig sind. Versuche, die Teile des Monsters (wie seinen Schwanz oder seine Flügel) während der Jagd zu brechen, da dies nicht nur das Monster schwächt, sondern auch wertvolle Materialien für die Herstellung besserer Ausrüstung liefert. Eine gute Strategie besteht darin, dass sich ein Spieler darauf konzentriert, Teile zu zerbrechen, während andere dem Monster konstanten Schaden zufügen.

Gemischte Strategien: Übergang zwischen Solo- und Koop-Jagd

In einigen Situationen in *Monster Hunter Wilds* musst du zwischen Solo- und Koop-Jagden wechseln. Du könntest zum Beispiel alleine eine Jagd starten, aber auf halbem Weg schließt sich ein anderer Jäger an. In diesen Fällen ist es wichtig, flexibel zu sein und seine Taktik anzupassen.

1. Überfordern Sie sich nicht:

Egal, ob du alleine oder mit einem Team spielst, eine Regel bleibt dieselbe: Überfordere dich nicht. Wenn du alleine bist, versuche nicht, es ohne Vorbereitung mit einem zu starken Monster aufzunehmen. Ähnlich verhält es sich im Koop-Modus, indem du sicherstellst, dass alle auf dem gleichen Stand sind, bevor du dich in einen Kampf stürzt. Sich zu sehr zu engagieren kann zu Fehlern führen und Sie unnötigem Schaden aussetzen.

2. Bleiben Sie mobil und anpassungsfähig:

Sowohl bei der Solo- als auch bei der Koop-Jagd ist Mobilität entscheidend. Wenn Sie alleine auf die Jagd gehen, müssen Sie wendig sein und Ihre Umgebung zu Ihrem Vorteil nutzen. Bei der Jagd in der Gruppe kann sich die Dynamik schnell ändern. Monster können ihren Fokus von einem Spieler auf einen anderen verlagern, oder die Positionierung der Gruppe kann sich im Laufe der Zeit ändern. Bleiben Sie anpassungsfähig und seien Sie bereit, Ihre Strategie nach Bedarf anzupassen.

3.3 FORTGESCHRITTENE AUSWEICH-, PARIER- UND KONTERTECHNIKEN

In *Monster Hunter Wilds* ist die Beherrschung fortgeschrittener Ausweich-, Parier- und Kontertechniken entscheidend, um deine Kampffähigkeiten zu verbessern. Diese Verteidigungsmanöver ermöglichen es dir, Schaden zu vermeiden, Öffnungen für mächtige Angriffe zu schaffen und die Oberhand über die anspruchsvollsten Monster zu gewinnen. In diesem Abschnitt geht es um diese Techniken und es wird erklärt, wie Sie sie effektiv ausführen und in Ihre Strategie integrieren können.

Ausweichen: Ausweichen und Timing meistern

Ausweichen ist eine der grundlegenden Verteidigungstechniken in *Monster Hunter Wilds*. Ein gut getimtes Ausweichen kann dich vor verheerenden Angriffen bewahren und mit dem richtigen Timing sogar Möglichkeiten für Gegenangriffe eröffnen.

1. **Perfektes Ausweich-Timing:** Der Schlüssel zum perfekten Ausweichen liegt darin, die Angriffsmuster von Monstern zu lernen. Der beste Zeitpunkt zum Ausweichen ist kurz vor dem Angriff, so dass du den Schaden vermeiden und gleichzeitig ein Fenster zum Vergeltung schaffen kannst. Übe dein Timing, indem du die Bewegungen des Monsters beobachtest, wenn du siehst, dass ein Angriff kurz bevorsteht, weiche schnell zur Seite oder nach hinten aus. Das Timing ist entscheidend; Wenn du zu früh oder zu spät ausweichst, kannst du verwundbar werden.

2. **Ausweichen durch Angriffe:** Einige Waffen, wie das Schwert und der Schild oder die Insektenglefe, ermöglichen es dir, einem Angriff auszuweichen. Das bedeutet, dass du dem Aufprall ausweichst, indem du direkt in den Weg des Angriffs ausweichst. Diese Technik erfordert Präzision und Selbstvertrauen, da du so nah am Monster bleiben kannst und sofort deinen eigenen Angriff ausführen kannst, sobald das Ausweichen abgeschlossen ist.

3. **Ausweich- und Sprintkombo:** Wenn du in einen Sprint ausweichst, kannst du dich sofort neu positionieren, nachdem du einem Angriff ausgewichen bist. Dies ist besonders nützlich, wenn du es mit sich schnell bewegenden Monstern zu tun hast oder wenn du schnell Platz zwischen dir und dem Ziel schaffen musst.

Der Sprint ist besonders effektiv bei Solo-Jagden, bei denen du möglicherweise Abstand schaffen musst, bevor du dich heilst oder dich mit deinen Teamkameraden neu gruppierst.

4. **Ausweichrolle vs. Quickstep:** Je nach Waffe und Spielstil kannst du entweder die Ausweichrolle oder den Quickstep verwenden. Die Ausweichrolle ist im Allgemeinen besser für langsamere, schwerere Waffen geeignet, da du mehr Distanzen mit weniger Ausdauerverbrauch zurücklegen kannst. Der Quickstep hingegen ist ideal für schnellere Waffen oder mobilere Jäger, mit dem du an Angriffen vorbeischlüpfen und deine Position schnell anpassen kannst.

Parieren: Angriffe präzise abwehren

Parieren ist eine fortgeschrittene Technik, die es dir ermöglicht, den Angriff eines Feindes zu blocken und abzulenken, während du die Kontrolle über deine Position behältst. Das Meistern des Parierens ist besonders wertvoll für Waffen wie Schwert und Schild, Gewehrlanze oder Lanze, die defensive Fähigkeiten bieten.

1. **Timing der Parade:** Um eine erfolgreiche Parade auszuführen, musst du sie perfekt mit dem Angriff des Monsters abstimmen. Wenn du zu früh oder zu spät parierst, führt das entweder zu einer fehlgeschlagenen Parade oder, schlimmer noch, du bist offen für den Angriff. Konzentriere dich darauf, die Bewegungen des Monsters zu lesen und versuche, seine Schläge zu antizipieren. Wenn du erfolgreich parierst, wird das Monster kurz ins Taumeln gebracht, so dass es für einen Gegenangriff offen ist.

2. **Waffen mit integrierter Pariermechanik:** Bestimmte Waffen sind mit Parierfähigkeiten ausgestattet, die in ihre Movesets integriert sind. Zum Beispiel kann der Schild der Gunlance eingehende Angriffe abwehren, und die Lanze ermöglicht mit ihrer großen Reichweite ein präzises Parieren. Übe mit diesen Waffen, um das Beste aus ihren defensiven Fähigkeiten herauszuholen. Denke daran, dass deine Ausdauer beim Parieren aufgebraucht wird, also musst du abschätzen, wie viele Paraden du ausführen kannst, bevor du dich zurückziehen musst.

3. **Perfekte Parade:** Einige Monster haben Angriffe, die, wenn sie perfekt pariert werden, sie für verheerende Kombos offen machen

können. Eine perfekte Parade lenkt nicht nur den Angriff ab, sondern betäubt den Feind auch kurzzeitig, sodass du mächtige Schläge landen kannst. Lerne, diese Momente zu erkennen, in denen ein Monster kurz davor ist, seinen härtesten Schlag zu starten, positioniere dich für die perfekte Parade und nutze die Gelegenheit.

4. **Parieren und Kontern Kombos:** Nachdem du einen Angriff erfolgreich pariert hast, bist du in der perfekten Position, um einen Gegenangriff zu starten. Dies ist besonders wichtig, wenn man es mit großen, sich langsam bewegenden Monstern zu tun hat. Ein schneller Gegenangriff nach einer Parade kann erheblichen Schaden anrichten, also übe, diese Kombos zu verketten, um maximale Wirkung zu erzielen. Pariere und lass dann sofort einen Ladeangriff oder eine schnelle Kombo folgen, um das Monster für seinen verpassten Schlag zu bestrafen.

Kontertechniken: Den Spieß umdrehen

Kontern ist die Kunst, den Angriff des Feindes gegen ihn einzusetzen und seinen Schwung in eine Gelegenheit für einen verheerenden Schlag zu verwandeln. Kontertechniken werden am besten mit Präzision und Meisterschaft ausgeführt, wobei du erkennen musst, wann der Angriff eines Monsters es verwundbar macht.

1. **Lesen von Monsterangriffsmustern:** Um einen erfolgreichen Gegenangriff zu landen, ist es wichtig, die Bewegungen des Monsters zu lesen und zu verstehen, wann es kurz vor einem kritischen Treffer steht. Der Schlüssel zu einem effektiven Konter liegt darin, die spezifischen Momente zu identifizieren, in denen ein Monster verwundbar ist, in der Regel nach einem schweren Angriff oder wenn es sich von einer offensiven Bewegung erholt. Sobald Sie den richtigen Moment identifiziert haben, positionieren Sie sich zum Zuschlag und warten Sie auf die Eröffnung.

2. **Konterbewegungen für verschiedene Waffen:** Bestimmte Waffen bieten einzigartige Konterfähigkeiten, wie z. B. der "True Charge Slash" des Großschwertes oder der "Dämonenmodus" der Doppelklingen. Diese Attacken ermöglichen es dir, eingehende Angriffe zu absorbieren oder abzulenken und im Gegenzug Schaden zu verursachen. Zum Beispiel kann das Großschwert einen Angriff kontern, indem es kurz vor dem Zuschlag des

Monsters einen mächtigen Schlag ausführt, den Spieß umdreht und den Feind mit verheerender Kraft bestraft.

3. **Timing und Ausdauermanagement bei Kontern:** Genau wie beim Ausweichen und Parieren ist das Timing bei Kontertechniken entscheidend. Konter erfordern in der Regel ein präzises Timing, aber sie beruhen auch auf Ausdauermanagement. Achte darauf, genügend Ausdauer zu sparen, um einen erfolgreichen Konter auszuführen. Wenn du dich überanstrengst, bist du anfällig für Angriffe und verpasst möglicherweise die Gelegenheit für einen Konter. Wenn du deine Ausdauer beherrschst, kannst du deine Bereitschaft aufrechterhalten, in kritischen Momenten Konter auszuführen.

4. **Kontern mit Fallen und Statuseffekten:** Einige Monster sind anfälliger für Fallen und Statuseffekte, was deine Konter noch effektiver machen kann. Wenn zum Beispiel ein Monster betäubt oder gefangen ist, ist das der perfekte Zeitpunkt, um einen Gegenangriff zu starten. Wenn du einem Monster Gift oder Lähmung zugefügt hast, können seine Bewegungen träge werden, was dir eine bessere Chance gibt, während deines Gegenangriffs kritische Treffer zu landen.

3.4 WIE MAN MIT GROSSEN UND AGGRESSIVEN MONSTERN UMGEHT

Bei der Jagd in *Monster Hunter Wilds* ist einer der aufregendsten und herausforderndsten Aspekte des Spiels der Kampf gegen große und aggressive Monster. Diese Giganten verfügen oft über überwältigende Stärke, schnelle Angriffsmuster und verheerende Spezialbewegungen, die einen unvorbereiteten Jäger leicht überwältigen können. Zu wissen, wie Sie effektiv damit umgehen können, ist entscheidend für Ihren Erfolg. In diesem Abschnitt erfährst du mehr über Strategien, um zu überleben und zu gedeihen, wenn du es mit diesen mächtigen Feinden aufnimmst.

1. Angriffsmuster und Schwächen erkennen

Bevor du dich in den Kampf gegen ein großes Monster stürzt, ist es wichtig, seine Angriffsmuster und Schwächen zu verstehen. Die meisten großen Monster haben mehrere Schlüsselbewegungen, die vorhergesagt werden können und dir die Möglichkeit geben, auszuweichen oder effektiv zu kontern.

1. **Studiere das Verhalten des Monsters:** Jedes große Monster hat eine Reihe von verräterischen Anzeichen, die seinen gefährlichsten Angriffen vorausgehen. Lerne, diese visuellen und akustischen Hinweise zu erkennen, egal ob es sich um ein Brüllen, eine Haltungsänderung oder ein Aufziehen für eine besondere Bewegung handelt. Sobald du diese Muster identifiziert hast, kannst du zum richtigen Zeitpunkt ausweichen oder blocken, um schweren Schaden zu vermeiden.

2. **Schwachstellen des Ziels:** Alle Monster haben bestimmte Schwachstellen, egal ob es sich um ihren Kopf, ihren Schwanz, ihre Flügel oder ihre Gliedmaßen handelt. Bei großen Monstern hilft dir die Konzentration auf diese Schwachstellen nicht nur, mehr Schaden zu verursachen, sondern kann auch Statuseffekte wie Lähmung, Gift oder das Zerbrechen von Teilen des Monsters auslösen. Ziele immer auf diese Punkte, besonders wenn ein Monster nach einem verpassten Angriff taumelnd oder anderweitig verwundbar ist.

3. **Elementar- und Statusschwächen:** Viele große Monster haben Verwundbarkeiten von Elementar- oder Statuseffekten. Feuer-, Wasser-, Eis- und Blitzangriffe können bestimmten Monstern erheblichen Schaden zufügen, während Gift, Lähmung und Schlaf dir ein kurzes Zeitfenster verschaffen können, um ohne Vergeltung anzugreifen. Prüfe die elementaren Schwächen deines Monsters, bevor du in die Schlacht ziehst, und passe deine Waffe und Rüstung an, um diese Schwächen auszunutzen.

2. Verwalten Sie Ihre Positionierung und Mobilität

Der Umgang mit großen Monstern erfordert eine präzise Positionierung und ständige Mobilität, um nicht in ihren verheerenden Angriffen gefangen zu werden. Einfach kopfüber in die Schlacht zu stürmen, ist ein Rezept für eine Katastrophe, daher ist es wichtig zu wissen, wo man sein und wann man sich bewegen muss.

1. **Hinter dem Monster bleiben:** Große Monster verlassen sich oft auf mächtige Frontalangriffe, wodurch ihr Hinterteil und ihre Seiten verwundbarer werden. Indem du hinter dem Monster

bleibst, verringerst du deine Chancen, von ausladenden oder kegelförmigen Angriffen getroffen zu werden. Positioniere dich so, dass du Angriffe auf die Schwachstellen des Monsters landen kannst, während du seinen gefährlichsten Bewegungen ausweichst.

2. **Das Gelände nutzen:** Die Umgebung kann dein bester Freund sein, wenn du gegen große Monster kämpfst. Nutzen Sie Vorsprünge, Felsen, Bäume oder andere Geländemerkmale zu Ihrem Vorteil. Einige Monster sind zum Beispiel anfällig dafür, betäubt oder durch Umweltgefahren wie herabfallende Steine oder Gruben gefangen zu werden. Der Aufenthalt auf höherem Gelände kann auch einen sichereren Aussichtspunkt bieten, um eingehenden Angriffen auszuweichen.

3. **Mobilität ist der Schlüssel:** Große Monster bewegen sich langsam, sind aber verheerend mächtig. Ständige Bewegung ist entscheidend, um am Leben zu bleiben. Weiche aus und rolle dich, um Monsterhiebe und aufgeladene Angriffe zu vermeiden, und scheue dich nicht, dich zurückzuziehen, wenn es nötig ist. Achte immer auf die Bewegungen des Monsters, und wenn ein Angriff unmittelbar bevorzustehen scheint, konzentriere dich darauf, auszuweichen und dich dann für deinen nächsten Schlag neu zu positionieren.

4. **Ausdauer verwalten:** Große Monsterkämpfe sind lang und erfordern viel Ausdauermanagement. Wenn du dich überanstrengst, indem du zu oft ausweichst oder rücksichtslos angreifst, kannst du verwundbar werden. Priorisiere die Ausdauerregeneration, indem du schwere Angriffe nicht übermäßig einsetzt und bei Bedarf Gegenstände wie Ausdauerwiederherstellungstränke verwendest.

3. Teamarbeit und Koop-Strategie

Bei der Jagd auf große Monster, insbesondere im Multiplayer- oder Koop-Modus, wird Teamwork zu einer wesentlichen Komponente für den Erfolg. Die Koordination mit deinem Team kann nicht nur den Schadensausstoß maximieren, sondern auch sicherstellen, dass die Gruppe während des gesamten Kampfes intakt und gut vorbereitet bleibt.

1. **Verteilen Sie Rollen innerhalb des Teams:** Weisen Sie jedem Mitglied Ihres Teams bestimmte Rollen zu, um die Suche zu optimieren. Bestimme zum Beispiel einen Jäger, der sich darauf konzentriert, die Gliedmaßen des Monsters zu schwächen, während ein anderer sich darauf konzentriert, seinem Kopf Schaden zuzufügen. Jemanden zu haben, der sich auf die Heilung oder die Versorgung von Buffs mit Unterstützungsgegenständen konzentriert, kann in längeren Kämpfen einen großen Unterschied machen. Kommunizieren Sie effektiv, um Überschneidungen zu vermeiden.

2. **Aggro-Kontrolle und Ablenkung:** Einige große Monster neigen dazu, den Spieler ins Visier zu nehmen, der den meisten Schaden verursacht oder den meisten Lärm macht. Hier wird die Aggro-Kontrolle wichtig. Die robustesten Spieler (oft diejenigen, die schwere Waffen oder Schilde verwenden) sollten die Aufmerksamkeit des Monsters von den verwundbaren Jägern ablenken, damit sie sich auf das Schadensausteilen konzentrieren können. Alternativ kannst du Fallen oder Umweltgefahren verwenden, um die Aufmerksamkeit des Monsters vorübergehend umzulenken.

3. **Angriffe synchronisieren:** Große Monster haben in der Regel Angriffsmuster, die sie an bestimmten Stellen verwundbar machen. Synchronisiere die Angriffe deines Teams, um aus diesen Lücken Kapital zu schlagen. Wenn zum Beispiel ein Monster kurz vor dem Angriff steht oder sich auf einen großen Angriff vorbereitet, stelle sicher, dass dein Team in der Lage ist, koordinierte Angriffe zu entfesseln und gleichzeitig auf Schwachstellen abzuzielen.

4. **Heilung und Buff zusammen:** Während der Koop-Jagd solltet ihr sicherstellen, dass das Team über Heilungsbedürfnisse und Buffs kommuniziert. Große Monster können schweren Schaden anrichten, und während sich deine Teammitglieder auf die Offensive konzentrieren, sollten andere bereit sein, sich mit Gegenständen wie Tränken, Fallen oder mit Statuseffekten beladenen Werkzeugen (z. B. Blendbomben) zu heilen oder zu stärken. Wenn Sie den Überblick über die Gesundheit Ihres Teams behalten, wird sichergestellt, dass in kritischen Momenten niemand zurückgelassen wird.

4. Geduld und Ausdauer: Ausdauer gegen große Monster

Der Kampf gegen große Monster in *Monster Hunter Wilds* ist kein Rennen, sondern ein Härtetest. Diese Feinde können viele Treffer einstecken, und es ist wichtig, dass du deinen Fokus und deine Ausdauer im Laufe eines längeren Kampfes behältst.

1. **Nicht überstürzen:** Große Monster können aufgrund ihrer Größe und Kraft einschüchternd wirken, aber der Versuch, durch Spam-Angriffe durch den Kampf zu hetzen, ist ein sicherer Weg zum Scheitern. Konzentriere dich stattdessen auf dein Timing, warte auf den richtigen Moment, um zuzuschlagen, und stelle sicher, dass jeder Angriff zählt. Es geht darum, die Schlacht so lange dauern zu lassen, wie es nötig ist, und dabei deine Ressourcen sorgfältig zu schonen.

2. **Bereite dich auf einen Marathon vor, nicht auf einen Sprint:** Kämpfe gegen große Monster brauchen oft Zeit und verlangen von dir, geduldig und überlegt zu bleiben. Stellt sicher, dass ihr mit vielen Heilgegenständen, Buffs und Fallen gut vorbereitet seid. Bewahren Sie einen kühlen Kopf, auch wenn sich der Kampf länger hinzieht als erwartet. Wenn deine Ausdauer oder Gesundheit zur Neige geht, scheue dich nicht, dich zurückzuziehen, dich neu zu gruppieren und zu heilen. Ein ruhiger Jäger ist ein siegreicher Jäger.

3. **Achte auf Erschöpfung:** Viele große Monster geraten nach einem langen Kampf in einen erschöpften Zustand, in dem sie langsamer und weniger aggressiv werden. Dies ist der perfekte Zeitpunkt, um deine schwersten Angriffe zu entladen. Behalte die Ausdauer und das Verhalten des Monsters im Auge, um diese Gelegenheit zu nutzen.

4. **Passe dich im Laufe des Kampfes an:** Wenn du die Gesundheit des Monsters schmälern, kann es sein, dass es sein Angriffsverhalten ändert, aggressiver wird oder sogar in einen wütenden Zustand gerät. Sei bereit, dich an diese Veränderungen anzupassen, indem du deine Positionierung, Heilung und Strategie anpasst. Lassen Sie sich von Rückschlägen nicht entmutigen: Anpassung ist der Schlüssel zum Erfolg.

KAPITEL 4: MONSTER-ENZYKLOPÄDIE

4.1 PROFILE DER GROSSEN MONSTER UND IHRE SCHWÄCHEN

Monster Hunter Wilds ist die Heimat einer weitläufigen Welt voller furchterregender und ehrfurchtgebietender Kreaturen. Als Jäger wirst du auf deiner Reise mit einer Vielzahl von Monstern konfrontiert, von denen jedes einzigartige Fähigkeiten, Verhaltensweisen und Schwächen besitzt. Das Verständnis dieser Kreaturen ist entscheidend für dein Überleben und deinen Erfolg im Spiel. In diesem Kapitel werden wir die wichtigsten Monster, denen du begegnen wirst, aufschlüsseln, ihre Profile detailliert beschreiben und ihre Schwächen aufdecken, damit du dich strategisch auf jede Jagd vorbereiten kannst.

In *Monster Hunter Wilds* gibt es Monster in allen Formen und Größen, von massiven, schwerfälligen Riesen bis hin zu schnellen Raubtieren in der Luft. Jedes Monster hat seine eigenen Eigenschaften, elementaren Affinitäten und Verhaltensmuster. Zu wissen, wie man ihre Schwächen ausnutzt, kann den Unterschied zwischen einer erfolgreichen Jagd und einer schmerzhaften Niederlage ausmachen. Lassen Sie uns in die Profile einiger der beeindruckendsten Kreaturen eintauchen, denen Sie auf Ihren Reisen begegnen werden.

1. Rathalos : Der König der Lüfte

- **Überblick:** Rathalos ist eines der kultigsten Monster in der *Monster* Hunter-Serie, bekannt für seine wilden Luftkämpfe und feurigen Angriffe. Als fliegender Wyvern kann Rathalos große Entfernungen in der Luft zurücklegen und Jäger von oben mit feuerbasierten Angriffen und Hochgeschwindigkeitsangriffen bombardieren. Seine großen Flügel und scharfen Krallen machen ihn zu einem furchterregenden Gegner, sowohl in der Luft als auch am Boden.

- **Schwächen:** Rathalos ist besonders anfällig für **Wasser-** und Drachenangriffe. Das Zielen auf seinen Kopf oder Schwanz verursacht erheblichen Schaden, besonders wenn er sich nach einem verpassten Luftangriff oder einer Landung in einem verwundbaren Zustand befindet. Seid vorsichtig mit seinem feuerbasierten Atem und verwendet wasserbasierte Waffen oder Elementarfallen, um seine feurige Kraft zu neutralisieren. Außerdem können seine Beine gebrochen werden, um seine Beweglichkeit zu verringern.

2. Diablos: Der Wüstenterror

- **Überblick:** Diablos ist ein furchterregendes Monster, das für seine rohe Kraft und seine aggressiven Tendenzen bekannt ist. Dieses große, gehörnte Monster, das hauptsächlich in der Wüste zu finden ist, nutzt seine massiven Stoßzähne, um sich unter der Erde zu graben und seine Beute aus dem Hinterhalt zu überfallen. Wenn er wütend wird, wird er noch gefährlicher und stürmt mit unerbittlicher Wut auf die Jäger zu. Diablos ist berüchtigt für seine Fähigkeit, das Schlachtfeld mit seinen massiven Hörnern und weitreichenden Angriffen zu kontrollieren.

- **Schwächen:** Diablos ist schwach gegen **Wasser-** und Eisangriffe. Sein Kopf ist ein Hauptziel, um massiven Schaden zu verursachen, ebenso wie sein Schwanz, der abgetrennt werden kann, um ihn daran zu hindern, seine mächtigen Ladeangriffe einzusetzen. Sein dicker Körper ist zwar schwer zu durchdringen, aber wenn du auf seine Schwachstellen zielst, vor allem, wenn er vom Aufladen müde ist, kann das Blatt im Kampf zu deinen Gunsten wenden. Außerdem **sind Donnerwaffen in bestimmten Teilen des Kampfes gegen ihn wirksam, wenn seine Deckung angeschlagen ist.**

3. Nargacuga : Der heimliche Nachtpirscher

- **Überblick:** Nargacuga ist ein schlankes, wendiges Monster, das auf Geschwindigkeit und Tarnung angewiesen ist, um seine Beute zu besiegen. Mit seinem pechschwarzen Fell und dem hocheffizienten Schwanz ist dieses Monster für seine schnellen Bewegungen und bösartigen Schwanzbewegungen bekannt. Nargacuga versteckt sich oft im Schatten, was es für Jäger schwierig macht, sie aufzuspüren. Seine schnellen Sprungangriffe können selbst die erfahrensten Jäger verwirren, daher ist es ein Muss, auf Zack zu bleiben.

- **Schwächen:** Nargacuga ist schwach gegen **Feuer-** und Eisangriffe. Vor allem sein Schwanz ist eine kritische

Schwachstelle, und wenn man ihn durchtrennt, kann man die Fähigkeit des Monsters, Schaden zu verursachen, erheblich verringern. Der Kopf ist auch ein verwundbares Ziel, aber man nähert sich ihm am besten, wenn das Monster abgelenkt oder betäubt ist. Darüber hinaus können Drachenangriffe seine Beweglichkeit umgehen und bei korrektem Timing erheblichen Schaden verursachen.

4. Tygrix : Die brüllende Bestie des Sumpfes

- **Überblick:** Tygrix ist ein massiver, im Sumpf lebender Grobian, der rohe Kraft mit einem überwältigenden Brüllen kombiniert. Sein schuppiges Fell macht ihn resistent gegen die meisten Formen von physischem Schaden, aber seine langsamen Bewegungen machen ihn anfällig für vorsichtige, kalkulierte Angriffe. Tygrix verlässt sich auf seinen massiven Schwanz, um Jäger wegzufegen, und sein schwerer Körper ermöglicht es ihm, alles auf seinem Weg zu zerquetschen.

- **Schwächen:** Tygrix ist anfällig für **Donner-** und Wasserangriffe. Sein Kopf ist der kritischste Schwachpunkt, und wenn du dich darauf konzentrierst, diesen Punkt zu treffen, kann der Kampf viel einfacher werden. Wenn Tygrix sich für einen verheerenden Angriff aufbäumt, werden seine Beine zu einer sekundären Schwachstelle. Wenn diese Beine gebrochen werden, kann das Tier stolpern, was seine Beweglichkeit verringert und den Jägern die Möglichkeit gibt, anzugreifen.

5. Zinogre : Das Donnerbiest

- **Überblick:** Zinogre ist ein großes, wolfsähnliches Monster, das sich die Kraft der Elektrizität zunutze macht, um seine Angriffe zu verstärken. Er lädt oft elektrische Energie in seinem Körper auf und kann blitzartige Schläge ausführen, die Jäger lähmen oder verheerenden Schaden anrichten können. Zinogre ist bekannt für seine Geschwindigkeit und Beweglichkeit, und seine Fähigkeit, zu springen und mächtige Schwanzpeitschen auszuteilen, machen ihn zu einem herausfordernden Gegner, den es festzunageln gilt.

- **Schwächen:** Zinogre ist sehr anfällig für **Wasser-** und Eisangriffe. Sein Kopf ist das Hauptziel für kritischen Schaden, aber du musst dich darauf konzentrieren, seine Ladung zu schwächen, indem du seine Beine und seinen Rücken angreifst. Sobald Zinogre seine elektrische Energie vollständig aufgeladen hat, wird es gefährlicher, so dass die Gelegenheit, Schaden zu verursachen, wenn es durch eine Lähmung geschwächt ist oder nach einem verpassten Treffer, den Kampf erheblich verkürzen kann.

6. Lagiacrus : Die Seeschlange

- **Überblick:** Lagiacrus ist eine riesige Seeschlange, die die tiefen Ozeane terrorisiert und eines der kultigsten Wassermonster in der *Monster* Hunter-Serie ist. Mit seinem langen, gewundenen Körper und seinem kraftvollen Schwanz kann Lagiacrus massive Wellen erzeugen und verheerende Angriffe auf dem Wasser starten. Während es an Land langsam erscheinen mag, ist dieses Monster unter Wasser weitaus wendiger und aggressiver, was es zu einer wahren Macht macht, mit der man in seinem natürlichen Lebensraum rechnen muss.

- **Schwächen:** Lagiacrus ist am verwundbarsten für **Donner-** und Drachenangriffe. Der Kopf und der Schwanz sind seine schwächsten Punkte, aber bei Unterwasserkämpfen kann es schwieriger sein, diese Schwachstellen zu treffen. Der Lagiacrus ist sehr anfällig für **Donnerwaffen**, daher ist es wichtig, Waffen mitzubringen, die hohen elektrischen Schaden verursachen können, um diese Schwachstelle auszunutzen.

7. Brachydios : Der explosive Ungetüm

- **Überblick:** Brachydios ist ein massiver, schleimbedeckter Grobian, dessen primäre Angriffsmethode darin besteht, seine explosiven, mit Schleim bedeckten Fäuste einzusetzen. Dieses Monster hat eine explosive Natur und hinterlässt buchstäblich eine Spur der Verwüstung. Seine unvorhersehbaren Bewegungsmuster und explosiven Angriffe machen ihn zu einem furchterregenden Gegner, aber seine Fähigkeit, mit der richtigen Strategie betäubt und kontrolliert zu werden, ermöglicht es geschickten Jägern, seiner Sprunghaftigkeit entgegenzuwirken.

- **Schwächen:** Brachydios ist anfällig für **Wasser-** und Eisangriffe. Sein Kopf und seine Arme sind Schwachpunkte, die es zu zielen gilt, wobei der Kopf der wichtigste Bereich ist, um erheblichen

Schaden zu verursachen. Als der Schleim, der seinen Körper bedeckt, zu glühen beginnt, ist es an der Zeit, sich zurückzuziehen, da er sich darauf vorbereitet, eine mächtige Explosion zu entfesseln. Setze Feuerangriffe ein, um den Schleim zu entzünden und zusätzlichen Schaden zu verursachen.

8. Rathian : Die Königin des Landes

- **Überblick:** Rathian ist das weibliche Gegenstück zu Rathalos und genauso gefährlich. Rathian, die als "Königin des Landes" bekannt ist, ist schwer gepanzert und sowohl im Luft- als auch im Landkampf versiert. Sein mit Gift durchtränkter Schwanz und sein feuriger Atem machen ihn zu einem tödlichen Feind, und Jäger müssen sowohl auf seine aggressiven Angriffe als auch auf seine Fähigkeit, das Schlachtfeld mit Gift zu kontrollieren, vorbereitet sein.

- **Schwächen:** Rathian ist schwach gegen **Wasser-** und Eisangriffe. Der Kopf und der Schwanz sind die verwundbarsten Stellen, und das Abtrennen des Schwanzes kann die Reichweite seiner mit Gift versetzten Angriffe stark verringern. Wenn Rathian in der Luft ist, ist das eine hervorragende Gelegenheit, seinem Kopf Schaden zuzufügen, aber ein sorgfältiges Timing deiner Angriffe ist der Schlüssel, um seinem Gift und seinem feurigen Atem auszuweichen.

4.2 WIE MAN SELTENE MONSTER AUFSPÜRT UND JAGT

In *Monster Hunter Wilds* gehören seltene Monster zu den herausforderndsten und lohnendsten Kreaturen, die es zu jagen gilt. Diese schwer fassbaren Bestien sind oft an bestimmten Orten versteckt, erfordern spezielle Strategien, um sie zu lokalisieren, und verfügen über einzigartige Fähigkeiten und Verhaltensweisen, die sie von den normalen Monstern unterscheiden. Sie aufzuspüren und zu jagen, erfordert ein scharfes Auge, Geduld und Vorbereitung. In diesem Abschnitt erfährst du, wie du seltene Monster findest, was dich erwartet, wenn du ihnen begegnest, und wie du sie effektiv besiegen kannst.

1. Die Kriterien für seltene Monster verstehen

Bevor man sich auf die Jagd nach einem seltenen Monster macht, ist es wichtig zu wissen, wie man es identifiziert und was es auszeichnet. Seltene Monster haben oft andere Eigenschaften als die gewöhnlichen Kreaturen im Spiel:

- **Besondere Verhaltensmuster:** Seltene Monster können andere Angriffsmuster, aggressivere Tendenzen oder einzigartige Bewegungsfähigkeiten haben, die es schwieriger machen, sie zu verfolgen und zu besiegen. Einige reagieren auch empfindlicher auf Umweltfaktoren wie Wetter oder Tageszeit.

- **Einzigartige Markierungen und Merkmale: Halte** Ausschau nach visuellen Hinweisen wie leuchtenden Körperteilen, verschiedenfarbigen Schuppen oder markanten Umgebungseffekten rund um den Standort des Monsters. Diese signalisieren oft die Anwesenheit einer seltenen Kreatur.

- **Spezifische Umgebungsbedingungen:** Seltene Monster können nur unter bestimmten Bedingungen im Spiel erscheinen, z. B. nachts, bei bestimmten Wetterbedingungen (Regen, Gewitter) oder in bestimmten Gebieten, in denen du zuerst versteckte Zonen freischalten oder erkunden musst.

2. Wie man seltene Monster aufspürt

Das Aufspüren seltener Monster beinhaltet mehr als nur durch die Wildnis zu wandern und auf eine Sichtung zu hoffen. Hier sind die Schritte, um sie effektiv zu verfolgen:

- **Verwende Monsterspuren und Hinweise:** Halte bei deiner Erkundung Ausschau nach Spuren, Fußabdrücken, abgebrochenen Ästen oder anderen Hinweisen in der Umgebung, die auf die Anwesenheit eines seltenen Monsters hinweisen. Diese führen Sie oft in die richtige Richtung.

- **Achte auf Umweltzeichen:** Seltene Monster können markante Umwelteffekte hinterlassen. Zum Beispiel eine Spur von Giftgas oder eine Veränderung in der Landschaft, die den Weg eines Monsters andeutet. Es kann auch sein, dass sich bestimmte Kreaturen anders verhalten, z. B. vor Angst fliehen, was darauf hindeutet, dass ein seltenes Monster in der Nähe ist.

- **Achte auf Audiohinweise:** Geräusche spielen eine wichtige Rolle bei der Verfolgung seltener Monster. Ihr Brüllen oder Knurren klingt oft anders als bei normalen Monstern und kann als Richtungshinweis dienen, um ihren Standort zu bestimmen.

- **Verwende den Kompass des Jägers und die Spähfackel:** Deine Werkzeuge im Spiel, wie der Kompass des Jägers, können von unschätzbarem Wert sein, wenn es darum geht, seltene Monster aufzuspüren. Darüber hinaus kann die Verwendung von Kundschaftfackel-Gegenständen an wichtigen Orten ihre allgemeine Umgebung verraten, was es einfacher macht, sie zu lokalisieren.

3. Vorbereitung auf die Jagd

Sobald du das seltene Monster aufgespürt hast, ist die Vorbereitung der Schlüssel zum Erfolg im Kampf. Seltene Monster haben oft eine stärkere Verteidigung und einzigartige Angriffsmuster, daher ist es wichtig, sich richtig auszurüsten:

- **Bringen Sie die richtige Ausrüstung mit:** Stellen Sie sicher, dass Ihre Waffen und Rüstungen an die Seltenheit und den Schwierigkeitsgrad des Monsters angepasst sind. Viele seltene Monster haben Elementar- oder Statuseffekte, die du ausnutzen kannst, also bereite Waffen vor, die diese Schwächen ausgleichen. Wenn das Monster zum Beispiel Gift verwendet, bringe Gegengifte mit oder rüste eine Rüstung aus, die dich vor giftigen Effekten schützt.

- **Decke dich mit Spezialgegenständen ein:** Bestimmte seltene Monster können bestimmte Schwächen gegenüber bestimmten Fallen oder Umgebungsobjekten haben. Nimm Gegenstände wie Blendbomben, Schockfallen oder giftbeschichtete Munition mit, die dir im Kampf einen erheblichen Vorteil verschaffen können. Denkt daran, dass es entscheidend ist, heilende Gegenstände oder einen stetigen Vorrat an Buffs zu haben, um längere, härtere Jagden zu überleben.

- **Teamzusammenstellung:** Seltene Monster erfordern oft eine sorgfältige Koordination, besonders im Koop-Spiel. Stelle sicher, dass dein Team mit einer Vielzahl von Waffen ausgestattet ist, die sowohl unterstützen als auch Schaden verursachen können. Eine ausgewogene Gruppe verbessert deine Überlebenschancen und deinen Erfolg. Stelle sicher, dass jemand aus dem Team als Unterstützer mit Heilgegenständen, Fallen und Buffs ausgestattet ist.

4. Kampfstrategien für seltene Monster

Der Kampf gegen seltene Monster ist kein Zuckerschlecken. Diese Kreaturen sind oft so konzipiert, dass sie die Grenzen deiner Jagdfähigkeiten austesten. Um deine Erfolgschancen zu erhöhen, solltest du während des Kampfes die folgenden Strategien anwenden:

- **Kenne die Schwächen des Monsters:** Jedes seltene Monster hat bestimmte Schwachstellen, egal ob es sich um ein Körperteil oder eine elementare Verwundbarkeit handelt. Studiere sein Verhalten sorgfältig, ziele auf Schwachstellen (wie Kopf oder Schwanz) und setze die geeigneten Elementarwaffen ein, um den Schadensausstoß zu maximieren. Nehmen Sie sich Zeit, um zu lernen, wann es am verwundbarsten ist, z. B. nach einem schweren Angriff oder wenn es von einer Falle betäubt wird.

- **Meistere das Ausweichen und Parieren:** Viele seltene Monster entfesseln mächtige, weitreichende Angriffe, die dich leicht außer Gefecht setzen können, wenn du nicht aufpasst. Meistere das Timing für das Ausweichen und Parieren, um unnötigen Schaden zu vermeiden. Sei besonders wachsam, wenn das Monster wütend ist, da seine Angriffe häufiger und schwerer auszuweichen sind.

- **Benutze Fallen und Umweltgefahren:** Seltene Monster haben oft viel Gesundheit und können verheerende Schläge austeilen, daher ist die Kontrolle über das Schlachtfeld unerlässlich. Fallen können das Monster vorübergehend bewegungsunfähig machen und dir und deinem Team Zeit geben, sich neu zu gruppieren oder zusätzlichen Schaden zu verursachen. Nutze auch die Umgebung zu deinem Vorteil: Viele Bereiche in *Monster Hunter Wilds* weisen Umweltgefahren wie Klippen oder instabiles Gelände auf, die genutzt werden können, um dem Monster Schaden zuzufügen oder eine Öffnung zu schaffen.

- **Bleib geduldig und konsequent:** Seltene Monster können langwierige, intensive Kämpfe sein, bei denen du geduldig sein und dich auf konstanten Schadensausstoß konzentrieren musst. Wenn Sie nicht aufpassen, ist es leicht, den Fehler zu machen, sich zu sehr auf aggressive Taktiken festzulegen und Ihre Ressourcen zu erschöpfen. Bleibe stattdessen konzentriert, achte auf Lücken und passe dich an das sich entwickelnde Verhalten des Monsters an.

4.3 ELEMENTARE STÄRKEN UND SCHWÄCHEN ERKLÄRT

In *Monster Hunter Wilds* ist es ein entscheidender Teil deiner Strategie, die elementaren Stärken und Schwächen sowohl deiner Waffen als auch der Monster, denen du gegenüberstehst, zu verstehen. Elemente können den Ausgang einer Jagd dramatisch beeinflussen, und das Wissen, wie man diese Schwachstellen ausnutzt, kann den Unterschied zwischen Sieg und Niederlage ausmachen. In diesem Abschnitt erfährst du mehr über die verschiedenen Elementarattribute im Spiel und wie sie mit den verschiedenen Monstern interagieren, denen du begegnen wirst, und hilft dir, deine Herangehensweise für maximale Effektivität anzupassen.

1. Die sechs Hauptelemente und ihre Wirkungen

Es gibt sechs primäre Elementarattribute, die in der Welt von *Monster Hunter Wilds* eine wichtige Rolle spielen: Feuer, Wasser, Donner, Eis, Drache und Gift. Jedes dieser Elemente hat seine eigenen Stärken und Schwächen, wenn es um Waffen, Rüstungen und die Monster geht, die du jagst.

- **Feuer:** Feuerwaffen sind sehr effektiv gegen Monster, die schwach gegen Hitze sind, wie z. B. solche aus Vulkan- oder Wüstenregionen. Es ist jedoch weniger wirksam gegen Wasserlebewesen oder solche mit einer natürlichen Affinität zur Kälte.

- **Wasser:** Waffen auf Wasserbasis eignen sich hervorragend für den Kampf gegen feuerbasierte Monster oder solche, die in heißen, trockenen Klimazonen zu finden sind. Wasser ist auch besonders effektiv gegen einige pflanzliche Monster, da es ihre feurigen

Eigenschaften auslöschen kann.

- **Donner:** Donnerwaffen werden oft verwendet, um mit Monstern fertig zu werden, die eine natürliche Affinität zur Erde oder zum Gestein haben, z. B. solche, die in Höhlen oder unter der Erde leben. Donner ist auch effektiv gegen fliegende oder in der Luft befindliche Monster, wodurch sie betäubt oder niedergeschlagen werden.

- **Eis:** Eiswaffen haben einen großen Vorteil gegenüber feuerbasierten Monstern, da sie sie an Ort und Stelle einfrieren und massiven Schaden über Zeit verursachen können. Eis ist auch gut gegen Kreaturen, die von Natur aus resistent gegen andere Elemente sind, was es zu einer effektiven Allround-Option für bestimmte Jagden macht.

- **Drache:** Drachenwaffen verursachen Elementarschaden, der gegen die härtesten Monster wirksam ist, insbesondere gegen ältere Drachen. Diese Kreaturen haben oft ein unberechenbares Verhalten und außergewöhnliche Kräfte, so dass der Einsatz von Drachenwaffen dazu beitragen kann, ihre natürlichen Abwehrkräfte zu schwächen.

- **Gift:** Giftbasierte Waffen sind nützlich, um die Gesundheit eines Monsters mit der Zeit zu zerstören, insbesondere gegen solche, die keine starke Resistenz gegen toxische Effekte haben. Gift ist besonders gut gegen große, sich langsam bewegende Monster, da es schwieriger ist, ihnen auszuweichen, wenn sie von Giftschaden betroffen sind.

2. Elementare Schwächen bei Monstern erkennen

Jedes Monster in *Monster Hunter Wilds* hat seine eigenen elementaren Schwächen. Wenn Sie wissen, wie Sie diese Schwachstellen ausnutzen können, erhöhen Sie Ihre Erfolgschancen im Kampf erheblich. Hier sind einige allgemeine Tipps zum Erkennen und Ausnutzen elementarer Schwächen:

- **Studiere das Verhalten von Monstern:** Achte auf die visuellen Hinweise und das Verhalten des Monsters, das du jagst. Einige Monster zeigen Anzeichen von Schwäche gegenüber bestimmten Elementen, wie z. B. sichtbares Zittern, wenn sie von einem

Elementarangriff getroffen werden, oder eine Änderung der Farbe, um einen verwundbaren Zustand anzuzeigen.

- **Monsterspezifische Elementarprofile:** Jedes Monster in *Monster Hunter Wilds* hat ein einzigartiges Elementarprofil. Zum Beispiel könnte ein Monster, das in einer feurigen Umgebung gedeiht, eine starke Resistenz gegen Feuer haben, was Wasser oder Eis zu einer besseren Option macht, um seine Schwächen auszunutzen.

- **Erforsche die Monsterkunde:** Im Zweifelsfall solltest du die Überlieferungen oder die Monstereintragsinformationen des Spiels überprüfen, um einen Einblick in die elementaren Schwachstellen einer Kreatur zu erhalten. Bestimmte Monster sind bekannt für ihre Schwächen gegenüber bestimmten Elementen, wie z. B. die Drachen-Elementarkreaturen, die besonders schwach gegen Angriffe auf Eis oder Donner sind.

- **Verwende Elementarwerkzeuge und Buffs:** Wenn du einem Monster mit bekannten Elementarschwächen gegenüberstehst, solltest du Elementarbeschichtungen oder Buffs verwenden, um deinen Schadensausstoß zu erhöhen. Das Überziehen deiner Pfeile mit Elementarschaden oder das Auftragen von Elementarpulver kann bei diesen Jagden einen großen Unterschied machen.

3. Kombinieren von Elementen für maximalen Schaden

Während bestimmte Waffen am besten für ein bestimmtes Element geeignet sind, gibt es die Möglichkeit, verschiedene Elemente zu kombinieren, um deine Effektivität während der Jagd zu erhöhen. Hier erfährst du, wie du elementare Kombinationen für einen strategischen Vorteil nutzen kannst:

- **Wechsel zwischen Elementarwaffen:** Wenn du mit einem Team oder im Mehrspielermodus spielst, kann jedes Mitglied eine Waffe ausrüsten, die auf verschiedene elementare Schwächen abzielt, was einen ausgewogenen Ansatz ermöglicht. Zum Beispiel kann ein Jäger Feuerwaffen verwenden, während ein anderer Wasser verwendet, um sicherzustellen, dass du auf jede Monsterbegegnung vorbereitet bist.

- **Elementare Statuseffekte:** Zusätzlich zu direktem Schaden können Elementarangriffe oft Statuseffekte auslösen, die im Kampf unglaublich nützlich sind. Zum Beispiel kann Donner Feinde lähmen, Eis kann sie einfrieren und Gift kann Schaden über Zeit verursachen. Wenn du lernst, wann du diese Effekte auslösen musst, kannst du dir einen massiven Vorteil im Kampf verschaffen.

- **Umgebungs-Elementarfallen:** In einigen Bereichen in *Monster Hunter Wilds* gibt es Umweltfallen oder Gefahren, die elementare Schwächen ausnutzen können. Zum Beispiel können bestimmte Fallen mit Elektrizität infundiert sein, die Monster, die schwach auf Donner reagieren, schocken und betäuben können. Wenn Sie wissen, wann und wo Sie Fallen platzieren müssen, können Sie die Oberhand gewinnen.

- **Elementaraffinitätsrüstungen und -fähigkeiten:** Viele Rüstungsteile und Fertigkeitssets ermöglichen es dir, deine Elementaraffinität zu erhöhen, indem du den Schaden, den du mit bestimmten Elementen verursachst, erhöhst oder den Schaden, den du von ihnen erleidest, verringerst. Wenn du in Rüstungen und Fertigkeiten investierst, die auf dein bevorzugtes Element abgestimmt sind, kannst du deine Leistung bei der Jagd weiter steigern.

4. Einsatz von Elementarstrategien im Kampf

Sobald du die elementaren Stärken und Schwächen deines Ziels kennst, besteht der nächste Schritt darin, während des Kampfes selbst einen strategischen Ansatz zu implementieren. Hier sind einige Möglichkeiten, wie du das Beste aus deinem Elementarwissen machen kannst:

- **Verwundbare Körperteile anvisieren:** Viele Monster haben bestimmte Körperteile, die besonders schwach gegen bestimmte Elemente sind. Wenn du zum Beispiel mit Donner-basierten Waffen auf die Flügel eines Monsters zielst, kann es taumeln oder zu Boden fallen, wodurch es zusätzlichen Schaden erleiden kann. Ziele auf Schwachstellen wie Köpfe, Schwänze oder Gliedmaßen, um die Elementareffekte zu maximieren.

- **Passe deine Taktik während des Kampfes an:** Achte auf das Verhalten deines Monsters und passe deine Taktik entsprechend an. Wenn du bemerkst, dass deine Elementarangriffe weniger Wirkung zeigen, wenn das Monster wütend wird, wechsle zu einer anderen Elementarwaffe, um weiterhin erheblichen Schaden zu verursachen.

- **Kooperiere mit Teammitgliedern:** Im Mehrspielermodus ist es wichtig, Elementarangriffe mit deinen Teamkollegen zu koordinieren. Zum Beispiel könnte ein Spieler Feuerangriffe einsetzen, um ein Monster zu schwächen, während ein anderer Spieler es mit Wasser- oder Eisangriffen erledigt, um aus seiner elementaren Verwundbarkeit Kapital zu schlagen. Diese Teamarbeit maximiert die Effizienz und reduziert die Zeit, die im Kampf verbracht wird.

- **Passt dich an wechselnde Bedingungen an:** Einige seltene Monster können ihre elementaren Eigenschaften während des Kampfes ändern, entweder aufgrund ihrer Umgebung oder durch Spezialangriffe. Zum Beispiel kann ein Monster Feuerenergie absorbieren, wodurch es vorübergehend resistent gegen Feuer, aber schwach gegen Eis ist. Sei darauf vorbereitet, dich schnell anzupassen, indem du die Waffe wechselst oder die Strategie änderst, wenn diese Änderungen eintreten.

4.4 ERFASSUNG VS. TÖTEN: WAS IST BESSER?

In *Monster Hunter Wilds* stehen Jäger vor der Wahl, Monster zu fangen oder zu töten. Während beide Optionen zu Belohnungen führen, hängt die Entscheidung, ob man gefangen oder getötet wird, von verschiedenen Faktoren ab, darunter das Monster, deine Ziele und die gewünschten Materialien. In diesem Abschnitt werden die Vorteile und Strategien beider Methoden aufgeschlüsselt, um Ihnen bei der Entscheidung zu helfen, wann Sie fangen und wann Sie töten sollten.

1. Die Vorteile des Gefangennehmens von Monstern

Das Fangen eines Monsters wird oft als taktischerer Ansatz angesehen. Anstatt die Kreatur zu töten, können Jäger spezielle Fallen und

Betäubungsmittel verwenden, um sie lebendig zu fangen. Hier sind die wichtigsten Vorteile der Aufnahme:

- **Zugang zu seltenen Materialien:** Das Fangen von Monstern ist die einzige Möglichkeit, bestimmte seltene Materialien zu garantieren, die für die Herstellung von hochstufigen Waffen und Rüstungen unerlässlich sind. Gegenstände wie Monsterteile, Edelsteine und bestimmte Handwerksmaterialien sind wahrscheinlicher von einem gefangenen Monster fallen zu lassen als von einem, das getötet wird. Dies kann den Fortschritt deiner Ausrüstung erheblich beschleunigen.

- **Schnellere Jagden und geringeres Risiko:** Ein Monster zu fangen kann oft schneller sein, als es zu töten, besonders wenn das Monster ausweicht oder mächtige Angriffe hat. Wenn du dem Monster bereits genug Schaden zugefügt hast und es zu fliehen beginnt oder in einen geschwächten Zustand übergeht, ist es möglicherweise ein sicherer und schnellerer Weg, es zu fangen, als einen Schlächterkampf zu beenden.

- **Erzielen von Gefangennahme-spezifischen Belohnungen:** Bestimmte Quests und Erfolge in *Monster Hunter Wilds* erfordern das Fangen von Monstern. Wenn du diese Aufgaben erfüllst, erhältst du einzigartige Belohnungen, darunter besondere Gegenstände, spezielle Ausrüstungs-Upgrades und sogar neue Fähigkeiten, die dir bei zukünftigen Jagden helfen können.

- **Mehr Belohnungen durch Mehrfachjagden:** Wenn du dich auf einer Quest befindest, bei der du mehrere Monster fangen musst, kann dies zusätzliche Belohnungen wie Bonusmaterialien oder die Möglichkeit bieten, mehr Gegenstände von derselben Kreatur zu ernten. Dies macht das Erfassen in diesen speziellen Szenarien zu einer lohnenderen Strategie.

2. Die Vorteile des Tötens von Monstern

Das Töten eines Monsters hingegen bietet verschiedene Vorteile, vor allem in Bezug auf die Kampfzufriedenheit und die allgemeinen Belohnungen. Hier sind die Hauptvorteile des Tötens:

- **Schnelleres Sammeln von Materialien für bestimmte Gegenstände:** Einige Monster liefern die begehrtesten Materialien nur, wenn sie getötet werden. Bestimmte seltene Materialien wie Hörner, Häute oder Klauen lassen eher fallen, wenn ein Monster getötet wird, insbesondere wenn du während des Kampfes bestimmte Teile zerbrichst. Wenn du diese Materialien brauchst, um einen bestimmten Gegenstand aufzuwerten oder herzustellen, ist das Töten vielleicht die bessere Option.

- **Zufriedenheit und Fortschritt:** Es ist eine gewisse Befriedigung, ein Monster bis zu seinem letzten Atemzug zu besiegen. Für viele Spieler sind der Nervenkitzel, ein Monster im Kampf zu besiegen, und die Belohnungen, die mit dem Töten verbunden sind, ein Gefühl der Erfüllung. Wenn du auf der Suche nach einem intensiveren und actiongeladeneren Erlebnis bist, ist das Töten wahrscheinlich der lohnendere Weg.

- **Bestimmte Schwächen im Visier:** Wenn du ein Monster tötest, hast du oft mehr Flexibilität bei der Herangehensweise an die Jagd. Du kannst dich darauf konzentrieren, Schwächen auszunutzen, fortschrittliche Taktiken wie Fallen und Kombos einzusetzen oder bestimmte Teile des Monsters zu zerstören, um zusätzliche Belohnungen zu erhalten. Das Töten kann einen strategischeren Ansatz ermöglichen, da du die Kontrolle darüber hast, wann das Monster stirbt.

- **Mehr Jagderfahrung:** Für Spieler, die die Herausforderung und den Nervenkitzel des Kampfes genießen, bietet das Töten von Monstern mehr Erfahrung im Umgang mit schwierigen Kreaturen. Die längeren, intensiveren Kämpfe verbessern oft dein Verständnis für das Verhalten und die Kampfmechanik von Monstern, was dich auf lange Sicht zu einem besseren Jäger macht.

3. Welche Methode sollten Sie wählen?

Die Wahl zwischen Fangen und Töten hängt letztendlich von deinen Zielen und deinem Spielstil ab. Hier erfahren Sie, wann Sie die einzelnen Optionen in Betracht ziehen sollten:

- **Erfassen, wenn:**

  o Du brauchst seltene Materialien, um Ausrüstung herzustellen oder aufzuwerten.

- o Du konzentrierst dich darauf, bestimmte Quests oder Erfolge im Zusammenhang mit dem Fangen von Monstern zu erfüllen.
- o Sie sind auf der Suche nach einer schnelleren, sichereren Jagd mit geringerem Ausfallrisiko.
- o Du spielst mit einem Team und möchtest die Belohnungen für alle Beteiligten maximieren.

- **Töten, wenn:**

- o Du brauchst bestimmte Monsterteile, die du leichter von getöteten Monstern bekommst.
- o Du willst den Nervenkitzel eines längeren, intensiveren Kampfes.
- o Du willst bestimmte Teile eines Monsters zerbrechen, um zusätzliche Belohnungen zu erhalten.
- o Du willst deine Fähigkeiten im Kampf gegen die volle Macht einer Kreatur testen.
- o Du strebst nach höherer Erfahrung und monsterspezifischen Drops.

4. Kombination beider Strategien

In *Monster Hunter Wilds* ist es möglich, sowohl das Fangen als auch das Töten in deine Jagdroutine zu integrieren. Je nach Situation möchtest du vielleicht ein Monster fangen, um die Materialien und Belohnungen zu erhalten, oder es für die Beute und Herausforderung töten. So können Sie beide Methoden strategisch einsetzen:

- **Gefangennahme nach dem Töten:** In einigen Fällen kannst du das Monster zuerst töten, um die primären Belohnungen zu sammeln, und es dann für zusätzliche Materialien gefangen nehmen. Diese Doppelstrategie funktioniert am besten für Monster, die leicht gefangen werden können, sobald sie geschwächt sind.

- **Kooperative Jagden:** Im Mehrspielermodus können Teammitglieder zusammenarbeiten, um die Dynamik zwischen Fangen und Töten auszugleichen. Einige Spieler können sich darauf konzentrieren, das Monster zu töten, während andere sich darauf konzentrieren, Fallen und Beruhigungsmittel für die Gefangennahme vorzubereiten. Dies kann die Belohnungen für die gesamte Gruppe maximieren und die Jagd effizienter gestalten.

- **Analyse nach dem Kampf:** Nimm dir nach jeder Jagd einen Moment Zeit, um zu analysieren, was du von dem Monster brauchst. Wenn das Hauptziel das Sammeln von Material ist, entscheiden Sie sich für eine Erfassung. Wenn das Ziel Fortschritt und Kampferfahrung ist, konzentriere dich auf das Töten.

KAPITEL 5: ERKUNDUNG UND ÜBERLEBEN IN DER WILDNIS

5.1 NAVIGIEREN IN DEN OPEN-WORLD-UMGEBUNGEN

In *Monster Hunter Wilds* geht der Nervenkitzel der Jagd weit über den Kampf hinaus, mit riesigen und unvorhersehbaren Open-World-Umgebungen, die es zu erkunden gilt. Egal, ob du durch dichte Wälder wanderst, zerklüftete Berggipfel erklimmst oder durch üppige Sümpfe navigierst, deine Fähigkeit, dich in diesen dynamischen Landschaften zurechtzufinden und sich an sie anzupassen, wird eine Schlüsselrolle für dein Überleben spielen. Dieser Abschnitt führt dich durch die Erkundung der *vielfältigen Umgebungen von Monster Hunter Wilds* und bietet Strategien, Tipps und Einblicke, wie du das Beste aus jedem Gebiet herausholen kannst.

1. Die Rolle der Umwelt bei Ihrer Jagd

Die Umgebungen in *Monster Hunter Wilds* sind nicht nur Hintergründe, sondern aktive, integrale Bestandteile deines Jagderlebnisses. Hier erfahren Sie, wie das Verständnis Ihrer Umgebung Ihren Erfolg beeinflussen kann:

- **Gelände und Hindernisse:** In verschiedenen Bereichen gibt es Gelände, das deinen Fortschritt entweder behindern oder fördern kann. Steile Klippen können eine vorteilhafte Anhöhe für Angriffe bieten, während Sümpfe deine Bewegung verlangsamen können. Es ist wichtig, diese Aspekte jeder Umgebung zu erkennen und sie zu Ihrem Vorteil zu nutzen.

- **Verhalten und Standort von Monstern:** Jede Region beherbergt eine Vielzahl von Monstern, und ihr Verhalten wird direkt von ihrer Umgebung beeinflusst. Einige Lebewesen ziehen es vor, sich in Höhlen oder dichtem Laub zu verstecken, während andere in offenen Bereichen aggressiv sein können. Wenn du das Ökosystem verstehst und vorhersagst, wo Monster wahrscheinlich auftauchen werden, kannst du deine Jagd effizienter gestalten.

- **Ressourcen und Materialien:** Jede Umgebung ist reich an einzigartigen Ressourcen wie Kräutern, Erzen und Materialien, die für die Herstellung unerlässlich sind. Wenn du weißt, wo du sie findest, kannst du Zeit sparen und die notwendigen Zutaten für die Herstellung von Tränken, Fallen und sogar Handwerksausrüstung liefern.

- **Wetterbedingungen:** Dynamisches Wetter spielt eine Rolle in Ihrer Jagdstrategie. Zum Beispiel kann starker Regen deine Sicht beeinträchtigen und bestimmte Angriffe beeinträchtigen, während extreme Hitze deine Ausdauer aufzehren kann. Achte auf Wettermuster, da sie die beste Zeit für die Jagd auf bestimmte Monster oder die Werkzeuge, die du möglicherweise benötigst, bestimmen können.

2. Verwenden der Karten- und Navigationswerkzeuge

Das Spiel bietet eine Vielzahl von Werkzeugen und Methoden, die dir helfen, dich in der weitläufigen Welt zurechtzufinden. Wenn Sie diese Tools beherrschen, stellen Sie sicher, dass Sie immer vorbereitet sind, egal in welcher Umgebung.

- **Interaktive Karte:** *Monster Hunter Wilds* bietet eine umfassende Karte, die deinen aktuellen Standort, Points of Interest und ressourcenreiche Gebiete anzeigt. Vergiss nicht, die Karte zu studieren, bevor du dich auf den Weg machst, denn sie bietet wichtige Informationen, einschließlich potenzieller Monsterstandorte und Schnellreisepunkte.

- **Wegpunkte und Markierungen:** Wenn du benutzerdefinierte Markierungen auf deiner Karte platzierst, kannst du dir wichtige Orte wie Höhlen, Campingplätze oder bestimmte Ressourcen merken. Du kannst sogar Monsterhöhlen oder Questziele markieren, um deine Jagd zu optimieren.

- **Scoutfly-Unterstützung:** Scoutflies sind deine Begleiter in der Wildnis und helfen dir, Monster und Sehenswürdigkeiten zu finden. Wenn du ihrer leuchtenden Spur folgst, kannst du zu deiner Beute gelangen und gleichzeitig versteckte Pfade oder neue Ressourcenknotenpunkte entdecken.

- **Fährtensuche und Hinweise:** Halte bei deiner Erkundung Ausschau nach Fußabdrücken, Kratzspuren und anderen Spuren, die von Monstern hinterlassen wurden. Das Aufspüren ist eine wichtige Fähigkeit im Spiel, und diese Hinweise führen dich zu deinem Ziel und zeigen Wege und Schwächen der Monster auf.

3. Überlebensstrategien für raue Umgebungen

Während die Jagd und Erkundung aufregend sind, *bietet Monster Hunter Wilds* echte Herausforderungen, die deinen Überlebensinstinkt auf die Probe stellen. Raue Umweltbedingungen, begrenzte Ressourcen und die Bedrohung durch feindliche Kreaturen machen jede Entscheidung wichtig. Hier erfährst du, wie du in der Wildnis überleben und gedeihen kannst:

- **Verwaltung von Ausdauer und Ressourcen:** In weitläufigen Open-World-Umgebungen ist es entscheidend, deine Ausdauer zu verwalten. Das Erklimmen von Bergen, das Sprinten über offene Felder oder das Ausweichen vor einem Angriff können dir Energie rauben. Es ist wichtig, deine Ausdaueranzeige im Auge zu behalten, und das Tragen von Ausdauer-wiederherstellenden Gegenständen wie Rationen oder nassen Steinen kann katastrophale Situationen verhindern.

- **Crafting für unterwegs:** Du wirst selten auf jedes Szenario vorbereitet sein, daher ist es wichtig, während der Erkundung Gegenstände herstellen zu können. Egal, ob es sich um Heiltränke, Fallen oder Jagdwerkzeuge handelt, stelle sicher, dass du auf deinen Reisen Ressourcen sammelst, um sie unterwegs herzustellen. Handwerksstationen sind oft über die Karte verstreut, aber verlasse dich nicht vollständig auf sie.

- **Zuflucht und sichere Zonen nutzen:** Manchmal musst du eine Pause einlegen, um Gesundheit, Ausdauer oder Ressourcen wiederherzustellen. Suchen Sie nach sicheren Zonen wie Campingplätzen oder versteckten Unterständen, in denen Sie sich ausruhen und erholen können. In diesen Bereichen können sich auch Kochstationen befinden, an denen du Mahlzeiten für Buffs zubereiten kannst.

- **Bereit für den Kampf:** Man weiß nie, wann ein Kampf ausbricht. Tragen Sie immer eine abgerundete Auswahl an Werkzeugen und Waffen bei sich. Fallenkomponenten, Bomben und

Elementarangriffe können dir helfen, dir in unerwarteten Gefechten einen Vorteil zu verschaffen. Wenn du außerdem weißt, wann du kämpfen und wann du dich zurückziehen musst, wird dir bei Begegnungen mit besonders mächtigen oder aggressiven Monstern das Leben gerettet.

4. Umweltgefahren und wie man sie überwindet

Nicht alle Bedrohungen kommen in Form von Monstern. Die Umgebungen selbst können ernsthafte Herausforderungen mit sich bringen, die Vorbereitung und Strategie erfordern, um sie zu bewältigen. Hier erfährst du, was dich in der Wildnis erwartet und wie du damit umgehst:

- **Umweltfallen:** Einige Bereiche sind mit natürlichen Fallen wie Treibsand, rollenden Felsbrocken oder giftigen Pflanzen ausgestattet. Bleiben Sie immer wachsam und vermeiden Sie es, gefährliche Zonen zu betreten. Benutze deinen Scoutfly oder achte auf visuelle Hinweise am Boden, um diese Fallen nicht auszulösen.

- **Extremes Wetter: Bestimmte** Gebiete sind anfällig für extreme Wetterbedingungen, die Ihre Sicht, Ausdauer oder Gesundheit beeinträchtigen können. Zum Beispiel können Schneestürme deine Bewegungen verlangsamen und die Sicht der Feinde verdecken, während vulkanische Gebiete mit der Zeit Brandschäden verursachen können. Rüstet euch mit der entsprechenden Ausrüstung aus (z. B. feuerfeste Panzerung in Vulkanregionen), um diese Effekte abzuschwächen.

- **Feindliche Flora und Fauna:** Einige Pflanzen oder Kreaturen in der Wildnis können dich angreifen oder vergiften, besonders in dichten Dschungeln oder in der Nähe von Wasserquellen. Behalte deinen Verstand im Auge, wenn du dich einer unbekannten Flora näherst, und sei bereit, bei Bedarf Anti-Gift-Gegenmittel oder Heiltränke zu verwenden.

- **Umwelt-Buffs:** Obwohl es viele Gefahren gibt, gibt es auch natürliche Vorteile bei der Nutzung der Umgebung. Du kannst Umweltgefahren auslösen, wie Explosionen in unbeständigen Regionen oder Monster in Fallen wie Treibsand treiben. Wenn du lernst, wie du deine Umgebung manipulieren kannst, kannst du dir im Kampf einen strategischen Vorteil verschaffen.

5.2 SAMMELN VON RESSOURCEN UND HERSTELLEN VON GRUNDLAGEN

In *Monster Hunter Wilds* sind das Sammeln von Ressourcen und das Herstellen der richtigen Gegenstände grundlegende Bestandteile deines Überlebens und deines Erfolgs. Jede Reise in die Wildnis erfordert ein sorgfältiges Auge auf wertvolle Materialien, und die Art und Weise, wie du diese Ressourcen nutzt, kann den Unterschied zwischen Leben und Tod ausmachen. Dieser Abschnitt führt dich durch die wesentlichen Aspekte des Sammelns und Herstellens von Ressourcen und stellt sicher, dass du immer auf alle Herausforderungen vorbereitet bist, die vor dir liegen.

1. Identifizierung und Ernte wichtiger Ressourcen

Die Welt von *Monster Hunter Wilds* ist randvoll mit natürlichen Ressourcen, die geerntet und zur Herstellung wichtiger Gegenstände für deine Jagd verwendet werden können. Wenn du verstehst, wo und wie du diese Materialien sammelst, kannst du Waffen, Rüstungen und Verbrauchsgegenstände herstellen, die deine Jagdfähigkeiten verbessern.

- **Kräuter und Pflanzenwelt:** Von einfachen Heilgegenständen bis hin zu speziellen Buffs spielen Pflanzen eine entscheidende Rolle bei der Herstellung. Halte Ausschau nach bunten Kräutern, die oft auf offenen Feldern oder in Waldgebieten wachsen. Einige Pflanzen können kombiniert werden, um fortschrittlichere Tränke herzustellen, die Gesundheit wiederherstellen oder deine Kampfleistung steigern können.

- **Mineralien und Erze:** Im Laufe des Spiels stößt du auf Bergbauknoten, die über verschiedene Umgebungen verstreut sind. Diese Knoten liefern wertvolle Erze, die zum Schmieden oder Aufrüsten von Waffen und Rüstungen verwendet werden können. Achte genau auf die Felsformationen um dich herum, vor allem in Berg- oder Höhlenregionen.

- **Monsterteile:** Monster selbst bieten einige der wichtigsten Handwerksmaterialien. Egal, ob es sich um die Knochen, Schuppen, Klauen oder sogar die Haut eines Monsters handelt, das Sammeln von Teilen nach einer erfolgreichen Jagd ist unerlässlich. Diese Materialien werden verwendet, um Ausrüstung herzustellen und zu verbessern, sodass du deine Ausrüstung verbessern kannst, wenn du stärkeren Feinden gegenüberstehst.

- **Fischerei und Wasserressourcen:** Einige seltene Gegenstände können nur in Gewässern gesammelt werden. Die Fischerei bietet Zugang zu seltenen Fischen, Kräutern und anderen wichtigen Ressourcen. Stellen Sie sicher, dass Sie eine Angelrute bereithalten, wenn Sie Flüsse, Seen oder Küstengebiete finden.

2. Herstellen und Aufrüsten von Waffen und Rüstungen

Crafting ist eine wesentliche Fähigkeit in *Monster Hunter Wilds*, da die Gegenstände, die du erstellst, bestimmen, wie gut du für zukünftige Jagden gerüstet bist. Von Waffen, die zu deinem Spielstil passen, bis hin zu den Rüstungen, die dich vor den Elementen oder feindlichen Angriffen schützen, ist das Crafting die Grundlage für den Aufbau eines starken Jägers.

- **Waffenherstellung:** Das Spiel bietet eine große Auswahl an Waffentypen, und jeder benötigt bestimmte Materialien, um sie herzustellen oder zu verbessern. Wenn du Monster jagst, solltest du ein Auge auf ihre Beute werfen, um spezielle Handwerksmaterialien zu finden, die für ihre Spezies einzigartig sind. Diese Materialien können die Waffenstärke und elementare Attribute verbessern oder sogar neue Fähigkeiten freischalten.

- **Rüstungssets:** Das Herstellen von Rüstungssets ist genauso wichtig wie das Herstellen von Waffen. Verschiedene Sets bieten einzigartige Boni und Schutz, abhängig von den Monsterteilen, die bei der Herstellung verwendet werden. Einige Rüstungen können zusätzliche Ausdauer, eine verbesserte Resistenz gegen Elemente oder erhöhten Schaden gegen bestimmte Monster gewähren. Um das Beste aus deiner Rüstung herauszuholen, musst du eine Vielzahl von Monsterteilen sammeln und mit verschiedenen Sets experimentieren.

- **Upgrades und Verbesserungen:** Sobald du eine grundlegende Waffe oder ein Rüstungsset hergestellt hast, ist es wichtig, dich auf das Aufrüsten und Verbessern deiner Ausrüstung zu konzentrieren. Das Aufrüsten erfordert in der Regel zusätzliche Ressourcen und in einigen Fällen seltene Materialien, die nur in der Wildnis oder von höherstufigen Monstern zu finden sind. Erwäge, deine Ausrüstung aufzurüsten, um im Laufe des Spiels mit härteren Gegnern mithalten zu können.

- **Elementareffekte:** Viele Waffen und Rüstungssets haben elementare Eigenschaften Feuer, Wasser, Eis, Donner usw., die im Kampf gegen Monster mit bestimmten Schwächen sehr nützlich sein können. Die Herstellung von elementarbasierter Ausrüstung verschafft dir einen Vorteil gegenüber bestimmten Arten von Monstern, also behalte immer die elementaren Schwachstellen deines Feindes im Auge und stelle entsprechend her.

3. Verbrauchsmaterialien und Feldgegenstände für den Erfolg

Deine Waffen und Rüstungen sind zwar unerlässlich, aber die Verbrauchsmaterialien, die du herstellst, spielen eine große Rolle, um sicherzustellen, dass du bei harten Jagden am Leben bleibst. Von Heiltränken bis hin zu Fallen – die Fähigkeit, die richtigen Gegenstände zur richtigen Zeit herzustellen, kann das Blatt im Kampf zu deinen Gunsten wenden.

- **Heiltränke und Buffs:** Heiltränke sind die einfachste Form der Heilung, aber im Laufe des Spiels solltest du stärkere Tränke herstellen, die mehr Gesundheit wiederherstellen oder vorübergehende Buffs gewähren. Wenn du deine eigenen Tränke herstellst, kannst du deinen Vorrat an deinen bevorzugten Spielstil anpassen, egal ob du eine Steigerung der Angriffskraft, der Verteidigung oder der Ausdauer wünschst.

- **Fallen und Bomben:** Fallen sind der Schlüssel zum Fangen von Monstern, und Bomben sind von unschätzbarem Wert, um in schnellen Stößen massiven Schaden zu verursachen. Stelle sicher, dass du Ressourcen wie Fallenteile und explosive Materialien sammelst, um diese wichtigen Gegenstände herzustellen. Du brauchst oft Fallen, um bestimmte Monster zu fangen oder sie vorübergehend zu deaktivieren, um dich zu heilen und neu zu gruppieren.

- **Munition für Fernkampfwaffen:** Wenn du Fernkampfwaffen wie Bögen oder Armbrüste verwendest, ist das Herstellen von Munition ein wesentlicher Bestandteil deiner Strategie. Behalte Ressourcen wie Schießpulver, Erze und Monsterteile im Auge, die zur Herstellung von Spezialmunition mit verschiedenen Effekten verwendet werden können, wie z. B. explosive oder elementarisierte Pfeile.

- **Essen und Mahlzeiten:** Vergiss nicht neben den Tränken auch die Bedeutung von Nahrung. Das Herstellen von Mahlzeiten bietet eine Reihe von Vorteilen, von der Verbesserung deiner Ausdauer bis hin zu temporären Buffs, um Umweltschäden oder Elementareffekten zu widerstehen. Besuche die Kochstationen, die auf der Karte verstreut sind, um Mahlzeiten zuzubereiten, die deinen Jagdbedürfnissen entsprechen.

4. Herstellen von Spezialausrüstung und einzigartigen Gegenständen

Neben den grundlegenden Waffen und Rüstungen *bietet Monster Hunter Wilds* auch spezielle Ausrüstung und seltene Gegenstände, die aus einzigartigen Ressourcen hergestellt werden. Diese Gegenstände erfordern oft bestimmte Monster-Drops oder seltene Materialien, die schwieriger zu finden sind, aber im Kampf erhebliche Vorteile bieten.

- **Legendäre Ausrüstung:** Einige der besten Waffen und Rüstungen im Spiel können nur durch das Sammeln extrem seltener Materialien von hochstufigen oder seltenen Monstern hergestellt werden. Diese Materialien sind oft schwer zu bekommen und erfordern Geschick und Geduld, um sie zu sammeln. Einmal hergestellt, bietet legendäre Ausrüstung jedoch unvergleichliche Kraft und besondere Fähigkeiten.

- **Spezialwerkzeuge:** Neben Waffen und Rüstungen kannst du spezielle Werkzeuge herstellen, die deine Leistung in der Wildnis verbessern können. Von Insektenfangnetzen bis hin zu tragbaren Heilgeräten werden diese Werkzeuge oft durch Erkundung gefunden oder aus seltenen Materialien hergestellt. Überprüfe immer dein Inventar und stelle alle Werkzeuge her, die dir einen Vorteil auf dem Feld verschaffen könnten.

- **Monsterspezifische Ausrüstung:** Einige Monster lassen einzigartige Teile fallen, die zur Herstellung von Spezialausrüstung verwendet werden können, wie z. B. Rüstungssets, die Boni gegen bestimmte Elemente oder Monster gewähren. Halten Sie Ausschau nach diesen seltenen Ausrüstungsgegenständen, da sie Ihnen bei der Jagd erhebliche Vorteile bieten können.

- **Kosmetische Gegenstände:** Das Herstellen von kosmetischen Gegenständen ist zwar nicht unbedingt notwendig für den Kampf, kann aber dem Aussehen deines Jägers eine lustige und persönliche Note verleihen. Sammle Materialien für neue Outfits, Waffen-Skins und andere Anpassungen, um deinen Stil auszudrücken.

5.3 VERSTECKTE BEREICHE, GEHEIMGÄNGE UND SELTENE FUNDE

In *Monster Hunter Wilds* wimmelt es in der Welt von Geheimnissen, die darauf warten, entdeckt zu werden. Egal, ob es sich um eine versteckte Höhle in einer abgelegenen Ecke oder einen geheimen Pfad handelt, der zu seltenen Ressourcen führt, die Erkundung dieser versteckten Bereiche kann wertvolle Belohnungen bringen und dir einen Vorteil gegenüber den härtesten Monstern verschaffen. In diesem Abschnitt tauchen wir in die versteckten Bereiche, Geheimgänge und seltenen Funde ein, die in der Wildnis verstreut sind. Mit dem richtigen Wissen schaltest du mächtige Gegenstände frei, findest Schatzkammern und erhältst Zugang zu Umgebungen, die nur wenige Jäger jemals sehen.

1. Entdecken Sie versteckte Höhlen und antike Ruinen

Die Wildnis ist reich an mysteriösen Orten, von denen viele dem zufälligen Betrachter verborgen bleiben. Einer der aufregendsten Aspekte des Spiels ist die Entdeckung dieser geheimen Höhlen und alten Ruinen, die wertvolle Schätze bergen. Diese Gebiete liegen oft hinter Wasserfällen, tief in Wäldern oder in scheinbar unzugänglichen Klippen.

- **Wasserfallhöhlen:** Diese Höhlen sind oft hinter oder unter Wasserfällen zu finden und beherbergen seltene Mineralien und Monsterteile. Um Zugang zu ihnen zu erhalten, suchen Sie nach Bereichen, in denen der Wasserfluss nicht behindert wird, und untersuchen Sie nahe gelegene Felsvorsprünge. Manchmal sind spezielle Werkzeuge oder Fähigkeiten erforderlich, um Barrieren zu durchbrechen und diese versteckten Juwelen zu erreichen.

- **Uralte Ruinen:** Über die Karte verstreut sind Überreste vergessener Zivilisationen. Diese Ruinen beherbergen oft einzigartige Artefakte, die zur Herstellung mächtiger Ausrüstung oder zur Aufrüstung deiner vorhandenen Ausrüstung verwendet werden können. Achte darauf, Wände und Säulen nach versteckten Schaltern oder Hinweisen zu untersuchen, die einen geheimen Eingang verraten könnten.

- **Unterirdische Tunnel:** Einige der wertvollsten Ressourcen im Spiel können tief unter der Erde gefunden werden. Diese Tunnel sind zwar oft schwer zu erkennen, führen aber zu Höhlen, die mit Erzen, Kräutern und anderen seltenen Handwerksmaterialien gefüllt sind. Halten Sie Ausschau nach Rissen im Boden oder ungewöhnlichen Felsformationen, die auf einen Eingang hindeuten könnten.

2. Geheimgänge und versteckte Wege

Die Wilds sind ein Labyrinth aus miteinander verschlungenen Wegen, und nicht alle sind sofort sichtbar. Geheimgänge können dich zu Abkürzungen führen, versteckte Ressourcen lagern oder dir einen taktischen Vorteil bei deiner Monsterjagd verschaffen. Wenn du die Kunst meisterst, diese Passagen zu finden, wird deine Erkundung verbessert und du erhältst Zugang zu Gebieten, die viele Jäger übersehen.

- **Getarnte Pfade:** Einige Bereiche in der Wildnis sind durch dichtes Laub oder Felsen getarnt, die mit der Umgebung verschmelzen. Diese versteckten Pfade mögen als Teil der natürlichen Landschaft erscheinen, können Sie aber in völlig neue Zonen führen. Suchen Sie nach Bereichen, in denen der Boden seine Textur ändert oder in denen bestimmte Umgebungsmerkmale fehl am Platz erscheinen.

- **Versteckte Türen und Schalter: Oft** im Verborgenen können Geheimtüren oder versteckte Schalter völlig neue Wege oder Zugänge eröffnen. Diese können hinter großen Felsbrocken, unter dicken Lianen oder in dichtem Laub versteckt sein. Scheuen Sie sich nicht, Ihre Umgebung sorgfältig zu inspizieren und nach etwas zu suchen, das auffällt.

- **Seilbrücken und Klettergebiete:** Einige Geheimwege sind nur durch Klettern oder Überqueren von gefährlichen Seilbrücken zu erreichen. Diese Routen führen in Gebiete, die auf herkömmlichen Wegen schwer zu erreichen sind, aber unglaubliche Belohnungen bieten. Bringen Sie auf jeden Fall Kletterausrüstung oder

Werkzeuge mit, die Ihnen helfen können, diese hohen Aussichtspunkte zu erreichen.

3. Seltene Funde und besondere Ressourcen

Einer der aufregendsten Aspekte der Erkundung in *Monster Hunter Wilds* ist die Suche nach seltenen Ressourcen und Materialien, die nicht nur schwer zu bekommen sind, sondern auch zur Herstellung außergewöhnlicher Waffen und Rüstungen verwendet werden können. Diese seltenen Funde sind in der Regel an abgelegenen Orten versteckt und erfordern sowohl Geduld als auch Geschicklichkeit, um sie zu lokalisieren.

- **Seltene Monsterteile:** Einige der seltensten Materialien können nur in versteckten Bereichen gefunden werden, die von schwer fassbaren Monstern fallen gelassen werden, die an den am schwierigsten zu erreichenden Stellen lauern. Diese Materialien können verwendet werden, um Waffen mit besonderen Fähigkeiten herzustellen oder Rüstungen zu verbessern, um einzigartige Resistenzen zu verleihen. Überprüfen Sie hochgelegene Gebiete, tiefe Höhlen oder Orte, an die sich nur die erfahrensten Jäger wagen.

- **Legendäre Erzvorkommen:** In der Wildnis sind legendäre Erze an ganz bestimmten Orten verstreut und erfordern oft fortgeschrittene Kenntnisse des Geländes, um sie aufzudecken. Diese Erze werden verwendet, um einige der stärksten Waffen und Rüstungen im Spiel herzustellen. Halten Sie Ausschau nach ungewöhnlichen Markierungen oder Umwelthinweisen, die auf das Vorhandensein dieser seltenen Ressourcen hindeuten könnten.

- **Versteckte Schatztruhen:** Gelegentlich stößt du auf Schatztruhen, die in geheimen Ecken der Welt versteckt sind. Diese Truhen enthalten Gegenstände, die entweder wertvoll für die Herstellung sind oder einfach selten genug, um viel Mira wert zu sein. Achte auf die Umgebung und erkunde Gebiete, die abseits der ausgetretenen Pfade zu liegen scheinen. Diese Truhen könnten genau das verbergen, was du brauchst.

- **Spezielle Kräuter und Materialien:** Einige der seltensten Handwerksmaterialien, wie spezielle Kräuter mit starken Effekten oder einzigartige Monster mit Materialien, die nirgendwo sonst zu finden sind, befinden sich an versteckten Orten auf der Karte. Diese Materialien können bei der Herstellung von Verbrauchsgegenständen helfen, die deine Kampffähigkeiten verbessern oder lang anhaltende Buffs bieten.

4. Verwenden von Spezialwerkzeugen, um auf versteckte Bereiche zuzugreifen

Bestimmte Werkzeuge in *Monster Hunter Wilds* wurden speziell entwickelt, um dir den Zugang zu versteckten Bereichen zu erleichtern, die sonst unerreichbar wären. Wenn du weißt, wie und wann du diese Werkzeuge einsetzt, werden viele Geheimnisse entschlüsselt und du erhältst zusätzliche Möglichkeiten, Ressourcen zu sammeln oder Feinde aus dem Hinterhalt zu überfallen.

- **Bomben und Sprengstoff:** Einige Wände oder Hindernisse in der Umgebung können nur mit Sprengstoff durchbrochen werden. Diese Werkzeuge können Trümmer beseitigen oder blockierte Wege durchbrechen, sodass du Zugang zu Höhlen oder geheimen Räumen erhältst, die sonst unzugänglich wären. Decke dich während deiner Erkundung mit Sprengstoff ein, um die versteckten Möglichkeiten voll auszunutzen.

- **Kletterausrüstung:** In bestimmten Teilen der Karte ist Klettern notwendig, um hohe Vorsprünge oder versteckte Höhlen zu erreichen. Wenn du Kletterausrüstung in deinem Inventar hast, kannst du felsige Klippen erklimmen und versteckte Vorsprünge erreichen, auf denen wertvolle Ressourcen zu finden sind. Stellen Sie sicher, dass Sie diese Werkzeuge ausrüsten, wenn Sie vorhaben, sich in bergige oder steile Gebiete zu wagen.

- **Angelruten:** Einige seltene Ressourcen können nur durch Fischfang erreicht werden, insbesondere in geheimen oder schwer zugänglichen Gewässern. Eine gut sortierte Angelrute kann wertvolle Monsterteile oder Handwerksmaterialien liefern, vor allem an versteckten Orten wie Höhlen oder hochgelegenen Seen.

- **Mapping-Tools und -Elemente:** In einigen Fällen können Karten der Welt Bereiche enthalten, die mit kryptischen Symbolen oder versteckten Routen markiert sind. Mit speziellen Mapping-Tools kannst du geheime Eingänge oder vergessene Zonen aufdecken,

was es einfacher macht, die verborgenen Schätze zu finden, die in
der Wildnis auf dich warten.

5.4 WETTEREFFEKTE UND WIE SIE SICH AUF DAS GAMEPLAY AUSWIRKEN

Das dynamische Wettersystem in *Monster Hunter Wilds* verleiht dem
Gameplay eine zusätzliche Tiefenebene und beeinflusst sowohl die
Umgebung als auch deine Jagdstrategien. Die Wetterbedingungen sind
nicht nur kosmetischer Natur; Sie haben einen spürbaren Einfluss auf
deine Fähigkeit, in der Wildnis zu navigieren, zu jagen und zu überleben.
Diese Effekte zu verstehen und deinen Spielstil an das wechselnde Wetter
anzupassen, ist unerlässlich, um ein erfolgreicher Jäger zu werden. In
diesem Abschnitt werden die verschiedenen Wettereffekte im Spiel
untersucht und wie sie sich auf dein Gameplay auswirken können.

1. Arten von Wetterbedingungen und ihre Auswirkungen

Das Spiel bietet eine Vielzahl von Wetterbedingungen, jede mit ihren
eigenen Herausforderungen und Vorteilen. Von starkem Regen bis hin zu
sengender Hitze spielt das Wetter eine entscheidende Rolle dabei, wie Sie
jede Jagd und Erkundung angehen.

- **Regen:** Regen kann sowohl die Sicht als auch die
  Bewegungsgeschwindigkeit erheblich beeinträchtigen. In einigen
  Bereichen kann es das Gelände rutschig machen, was deine
  Fähigkeit beeinträchtigen kann, Feinden auszuweichen oder um
  sie herum zu manövrieren. Regen führt jedoch auch dazu, dass
  bestimmte Monster aktiver werden, wodurch sie leichter zu
  verfolgen sind. Darüber hinaus kann Regenwasser manchmal
  seltene Materialien freilegen, die unter Steinen oder Laub
  verborgen sind.

- **Hitzewellen:** Hohe Temperaturen können deine Ausdauer viel
  schneller aufzehren und dich dazu zwingen, deine Ressourcen
  während des Kampfes sorgfältig zu verwalten. In einigen Gebieten
  gibt es auch spezielle hitzeresistente Monster, die in diesen
  Umgebungen gedeihen. Bringen Sie Kühltränke oder Ausrüstung
  mit, um die Auswirkungen der Hitze abzuschwächen, oder
  riskieren Sie, sich schneller als Ihre Feinde zu erschöpfen.

- **Schnee und Eis:** Schneefall und Eis können Ihre Sicht und Bewegung stark einschränken. Rutschiger Untergrund kann es schwierig machen, das Gleichgewicht zu halten, was sich negativ auf die Effektivität deines Kampfes auswirken kann. Darüber hinaus passen sich bestimmte Monster an diese Umgebungen an und nutzen den Schnee zu ihrem Vorteil, indem sie Fallen aufstellen oder sich tarnen. Rüste dich mit warmer Ausrüstung oder Widerständen aus, um ein Einfrieren zu verhindern und Ausdauerverlust zu reduzieren.

- **Nebel und Nebel:** Bei Nebel ist deine Sicht drastisch reduziert, was das Aufspüren von Monstern erschweren kann. Allerdings können Monster unter diesen Bedingungen auch Schwierigkeiten haben, dich zu entdecken, sodass du dich ihnen strategischer nähern kannst. Nutze dies zu deinem Vorteil, indem du Hinterhalte einrichtest oder darauf wartest, dass sich Feinde nähern, aber achte auf deine Umgebung, da du nicht immer siehst, was auf dich zukommt.

- **Stürme:** Starke Winde können dich aus dem Gleichgewicht bringen und deine Fernkampfangriffe beeinträchtigen, was es schwieriger macht, präzise Schüsse zu landen. Stürme können jedoch auch bestimmte Hindernisse wegblasen oder sogar versteckte Passagen freilegen, was deiner Erkundung eine neue strategische Ebene verleiht. Nutze den Wind, um geheime Bereiche aufzudecken oder ihn zu nutzen, um die Angriffe von Monstern während des Kampfes zu stören.

2. Wetterabhängiges Verhalten von Monstern

Das Wetter beeinflusst nicht nur die Umwelt, sondern auch das Verhalten der Monster, die du jagst. Unterschiedliche Wetterbedingungen lösen unterschiedliche Reaktionen der Tierwelt aus, und zu verstehen, wie sich diese Kreaturen bei einem bestimmten Wetter verhalten, kann Ihnen einen großen taktischen Vorteil verschaffen.

- **Regen:** Einige Monster werden aggressiver, wenn es regnet, während andere Schutz suchen, wodurch sie leichter zu jagen sind. Bestimmte Kreaturen, insbesondere Wassermonster, werden bei Nässe aktiver, was die Wahrscheinlichkeit erhöht, ihnen zu begegnen. Diese Kreaturen können auch einzigartige Materialien fallen lassen, die nur bei Regenwetter verfügbar sind.

- **Kaltfronten:** Monster, die bei eisigen Temperaturen gedeihen, können bei Schneestürmen gefährlicher werden, da ihre Angriffe deinen Charakter einfrieren und deine Bewegungen verlangsamen könnten. Auf der anderen Seite können feuerbasierte Monster in diesen kalten Umgebungen schwächer oder weniger aggressiv werden, was sie anfälliger für bestimmte Angriffe macht.

- **Wind:** Fliegende Monster, insbesondere solche mit Flügelspannweite, die den Wind einfangen, können während eines Sturms schwieriger zu treffen sein. Ihre Geschwindigkeit und Manövrierfähigkeit wurden stark verbessert, wodurch Fernkampfangriffe schwieriger zu landen sind. Alternativ können Monster, die auf Tarnung angewiesen sind, die Böen ausnutzen, um versteckt zu bleiben oder sich schnell neu zu positionieren, was es schwieriger macht, sie zu verfolgen.

- **Nebel und Nebel:** Bei schlechten Sichtverhältnissen werden Monster, die sich auf Stealth-Taktiken verlassen, weitaus gefährlicher, da sie sich ungesehen bewegen und dich aus allen Richtungen angreifen können. Dieses Wetter ist jedoch auch zu deinem Vorteil, wenn du Monster jagst, die sich auf das Sehen verlassen oder sich leicht durch Lärm erschrecken lassen, da sie es schwerer haben, dich zu entdecken.

3. Passen Sie Ihre Ausrüstung an das Wetter an

Dein Erfolg in *Monster Hunter Wilds* hängt stark davon ab, wie gut du dich auf die Herausforderungen der wechselnden Wetterbedingungen vorbereitest. Wenn du die richtige Ausrüstung und Verbrauchsmaterialien ausrüstest, bevor du dich auf eine Mission begibst, kannst du kostspielige Fehler vermeiden und deine Erfolgschancen erhöhen.

- **Wetterfeste Ausrüstung:** Einige Rüstungen und Accessoires sind so konzipiert, dass sie dich vor extremen Wetterbedingungen schützen. Zum Beispiel ist eine hitzebeständige Rüstung bei Hitzewellen entscheidend, um eine Erschöpfung der Ausdauer zu verhindern, während kälteresistente Ausrüstung dir hilft, warm zu bleiben und bei Schneestürmen nicht zu frieren. Überprüfen Sie immer die Wettervorhersage, bevor Sie sich auf den Weg machen, und stellen Sie sicher, dass Ihre Ausrüstung der Aufgabe gewachsen ist.

- **Elementarschilde und Buffs:** Unter bestimmten Bedingungen musst du möglicherweise Elementarschilde oder Tränke verwenden, die deine Widerstandsfähigkeit gegen die Elemente stärken. Tränke, die Hitze- oder Kälteschäden reduzieren, können bei besonders rauem Wetter lebensrettend sein. Darüber hinaus können bestimmte Schilde bestimmte Wettereffekte zunichte machen, so dass du weiter jagen kannst, ohne durch Umweltfaktoren behindert zu werden.

- **Werkzeuge zur Anpassung:** Spezielle Werkzeuge, wie Kühl- oder Erwärmungskristalle, können mitgeführt werden, um extreme Temperaturen zu bekämpfen. Diese Gegenstände können dir helfen, deine Ausdauer wiederherzustellen oder Statuseffekte wie Einfrieren oder Verbrennen zu verhindern. In ähnlicher Weise können Windjacken und andere Ausrüstung dazu beitragen, deine Bewegung bei Stürmen zu stabilisieren und sicherzustellen, dass du im Kampf nicht den Halt verlierst.

- **Waffenanpassungen:** Bestimmte Waffentypen funktionieren bei unterschiedlichen Wetterbedingungen besser. Zum Beispiel können Fernkampfwaffen wie Bögen oder Gewehre bei starkem Wind weniger effektiv sein, daher sollten Sie sich für Nahkampfwaffen wie das Großschwert oder den Hammer entscheiden, die weniger von den Wetterbedingungen beeinflusst werden. Wenn du die Stärken und Schwächen deiner Waffenauswahl kennst, kannst du deine Strategie nach Bedarf anpassen.

4. Strategische Kampfanpassungen basierend auf dem Wetter

Der Kampf in *Monster Hunter Wilds* erfordert mehr als nur ein gutes Verständnis für deine Waffen und Monster, es geht auch darum, wie gut du dich an die Umgebung anpasst. Die Wetterbedingungen können das Blatt in der Schlacht wenden, daher ist es wichtig, dass du deine Taktik entsprechend anpasst.

- **Das Wetter nutzen, um sich einen Vorteil zu verschaffen:** Bei Regen kannst du zum Beispiel das nasse Gelände zu deinem Vorteil nutzen, indem du Fallen aufstellst oder wasserbasierte Angriffe einsetzt, um Feinde zu schwächen. Bei Wind solltest du versuchen, Fernkampfangriffe sparsam einzusetzen und dich stattdessen darauf zu konzentrieren, dir Monstern für Nahkampfangriffe zu nähern. Nutze Umgebungsmerkmale wie Windböen oder Regen, um Öffnungen für deine Angriffe zu schaffen.

- **Umgang mit wetterbedingten Statuseffekten:** Bestimmte Wetterbedingungen können Schwächungseffekte oder negative Statuseffekte verursachen, wie z. B. Verbrennung bei Hitze oder Frieren im Schnee. Achte auf deine Ausdauerleiste und Statussymbole und sei darauf vorbereitet, bei Bedarf Gegenstände wie Heiltränke oder Statusheilmittel zu verwenden. Unterschätzen Sie niemals die Auswirkungen des Wetters auf Ihre Gesundheit und Leistung während einer Jagd.

- **Passe deinen Kampfstil an die Wetterbedingungen an:** Das Wetter kann bestimmen, wie du mit Monstern umgehen sollst. Bei Schnee ist die Bewegung zum Beispiel langsamer, also ziehe in Betracht, schwere, kraftvolle Angriffe zu verwenden, die weniger vom rutschigen Gelände betroffen sind. Auf der anderen Seite können in einer nebligen Situation Stealth-basierte Taktiken wie Überraschungsangriffe und Fallen weitaus effektiver sein, um Feinde zu überrumpeln.

- **Timing deiner Angriffe:** Wetterbedingungen beeinflussen oft das Timing deiner Angriffe. Wenn es in Strömen regnet, können Monster unruhiger und aggressiver werden, daher ist das Timing deiner Ausweichmanöver und Angriffe entscheidend, um unnötigen Schaden zu vermeiden. Achte bei Stürmen auf einen Moment der Ruhe zwischen den Böen, um deine Fernschüsse auszurichten oder deine Luftangriffe zu starten.

KAPITEL 6: MULTIPLAYER- UND KOOP-STRATEGIEN

6.1 JAGDEN MIT FREUNDEN EINRICHTEN UND DARAN TEILNEHMEN

In *Monster Hunter Wilds* ist die Jagd nicht nur ein Solo-Unterfangen, sondern ein gemeinsames Erlebnis, das man am besten mit Freunden genießt. Multiplayer- und Koop-Jagden bieten eine einzigartige Dynamik, die es dir ermöglicht, es mit einem Team von erfahrenen Jägern mit einigen der härtesten Monster des Spiels aufzunehmen. Egal, ob du ein Team mit Freunden bildest oder dich zufälligen Spielern anschließt, die richtige Strategie und Vorbereitung können den Unterschied zwischen einer erfolgreichen Jagd und einem verheerenden Misserfolg ausmachen. In diesem Abschnitt erfahren Sie, wie Sie Jagden mit Freunden einrichten und daran teilnehmen können, um sicherzustellen, dass Sie auf die bevorstehenden Herausforderungen vorbereitet sind.

1. Erstellen einer Multiplayer-Sitzung

Der erste Schritt zum Spielen mit Freunden ist das Einrichten einer Multiplayer-Sitzung. Das Spiel bietet mehrere Möglichkeiten, mit anderen Jägern in Kontakt zu treten, was es einfach macht, sich in eine Koop-Jagd zu stürzen. So erstellen Sie Ihre eigene Sitzung:

- **Private Session:** Wenn du es vorziehst, ausschließlich mit Freunden zu spielen, ist das Erstellen einer privaten Session der richtige Weg. Wählen Sie im Hauptmenü die Option "Multiplayer" und wählen Sie dann aus, eine private Sitzung zu erstellen. Du kannst deine Freunde dann mit ihren In-Game-IDs einladen oder ihnen eine direkte Einladung über die Freundesliste deiner Konsole senden.

- **Öffentliche Sitzung:** Wenn du dich abenteuerlustiger fühlst oder neue Leute kennenlernen möchtest, kannst du eine öffentliche Sitzung erstellen, an der andere Spieler frei teilnehmen können. Öffentliche Sitzungen eignen sich hervorragend, um zusätzliche Hilfe zu erhalten, aber bedenke, dass sie zu unvorhersehbaren Dynamiken führen können, da jeder Spieler seine eigene

Herangehensweise an den Kampf mitbringt.

- **Passwortgeschützte Sitzungen:** Für eine zusätzliche Sicherheits- und Kontrollebene können Sie ein Passwort für Ihre Sitzung festlegen. Dies stellt sicher, dass nur Spieler mit dem richtigen Passwort beitreten können, was es zu einer guten Wahl macht, wenn Sie Ihre Sitzung auf eine bestimmte Gruppe von Freunden beschränken möchten.

2. Teilnahme an Multiplayer-Sitzungen

Sobald Ihre Sitzung live ist, besteht der nächste Schritt darin, sich mit anderen an einer Jagd zu beteiligen. Egal, ob du Gastgeber oder Gast bist, die Teilnahme an einer Sitzung ist schnell und einfach, und es ist wichtig, dass du sicherstellst, dass alle auf dem gleichen Stand sind, bevor du dich in die Wildnis begibst. Folgendes solltest du beachten, wenn du an einer Multiplayer-Sitzung teilnimmst:

- **Über Freundesliste einladen:** Wenn du an einer Sitzung eines Freundes teilnimmst, kannst du einfach eine Einladung annehmen, die über das Freundessystem deiner Konsole gesendet wurde. Sie erhalten eine Benachrichtigung, wenn die Sitzung erstellt wurde, und mit einem einzigen Klick sind Sie auf der Jagd. Stellen Sie sicher, dass Sie bei Bedarf den Sitzungscode oder das Passwort des Spiels überprüfen.

- **Suche nach offenen Sitzungen:** Wenn Sie nach neuen Spielern oder bestimmten Jagden suchen, können Sie nach offenen Multiplayer-Sitzungen suchen. Du kannst deine Suche nach Monstertyp, Schwierigkeitsgrad und anderen Kriterien filtern, um sicherzustellen, dass du eine Sitzung findest, die deinem Können und deinen Interessen entspricht. Diese Methode ist ideal für Spieler, die an laufenden Jagden teilnehmen möchten, ohne eine eigene Sitzung einrichten zu müssen.

- **Sitzungseinstellungen und Kommunikation:** Bevor du einer Sitzung beitrittst, solltest du dir die Einstellungen notieren, einschließlich der Angabe, ob die Jagd auf normalem oder schwerem Schwierigkeitsgrad stattfindet und welches Monster anvisiert wird. Kommunikation ist das A und O, also stimmt euch mit dem Team entweder über den Voice-Chat im Spiel oder über den Text-Chat ab, um Strategien und Rollen während der Jagd zu besprechen.

3. Vorbereitung auf eine Koop-Jagd

Koop-Jagden erfordern eine andere Denkweise als Solo-Jagden. Mit mehreren Spielern auf dem Feld musst du zusammenarbeiten und dich an die Dynamik eines Teams anpassen. Die richtige Vorbereitung ist für den Erfolg unerlässlich:

- **Auswahl der richtigen Waffen:** Wenn du im Team jagst, achte darauf, Waffen zu wählen, die die Zusammensetzung deines Teams ergänzen. Eine gute Balance zwischen Fern- und Nahkampfwaffen kann deinem Team zum Beispiel die Flexibilität geben, mit verschiedenen Situationen umzugehen. Einige Jäger spezialisieren sich auf unterstützende Rollen wie Heilung oder Buff, während andere sich auf das Verursachen von Schaden oder Tanken konzentrieren.

- **Vorräte auffüllen:** Koop-Jagden dauern in der Regel länger als Einzeljagden, also stellt sicher, dass ihr genügend Heilgegenstände, Buffs, Fallen und Bomben mitnehmt. Decke dich mit Ressourcen ein, die dir und deinem Team helfen, in ausgedehnten Schlachten zu überleben. Es ist auch ratsam, zusätzliche Werkzeuge wie Blitzkapseln oder Fallgruben mitzunehmen, die helfen können, Monster bewegungsunfähig zu machen und Angriffsöffnungen für das Team zu schaffen.

- **Koordinieren Sie Ihre Strategien:** Bevor Sie sich in die Jagd stürzen, nehmen Sie sich einen Moment Zeit, um Ihr Vorgehen mit Ihren Teamkollegen zu besprechen. Entscheide, wer die Führung übernimmt, wer sich auf die Unterstützung konzentriert und wer den meisten Schaden anrichtet. Kommunikation und Teamkoordination sind der Schlüssel, um härtere Monster zu bekämpfen, die eine weniger organisierte Gruppe überwältigen könnten.

- **Achten Sie auf das Verhalten von Monstern:** Im Mehrspielermodus ist es wichtig zu verstehen, wie Monster auf mehrere Spieler reagieren. Einige Monster können bestimmte Spieler aggressiver angreifen, während andere unberechenbarer werden, wenn sie gegen ein komplettes Team antreten. Behalte das Verhalten des Monsters im Auge und passe deine Position oder Rolle entsprechend an, um nicht überrascht zu werden.

4. Etikette und Teamwork bei der Koop-Jagd

Die erfolgreiche Multiplayer-Jagd in *Monster Hunter Wilds* basiert auf Teamwork, Respekt und klarer Kommunikation. Um das Beste aus Ihren Jagden herauszuholen und sicherzustellen, dass jeder eine positive Erfahrung macht, befolgen Sie diese grundlegenden Richtlinien für die Multiplayer-Etikette:

- **Die Rollen des anderen respektieren:** Jeder Spieler in einer Koop-Jagd hat eine bestimmte Rolle, sei es das Verursachen von Schaden, das Bereitstellen von Unterstützung oder die Konzentration auf die Massenkontrolle. Respektiere die von jedem Jäger gewählte Rolle und vermeide es, sich gegenseitig auf die Füße zu treten. Wenn jemand dazu bestimmt ist, zu heilen, lass ihn sich ungestört auf diese Aufgabe konzentrieren. Wenn du der Schadensverursacher bist, konzentriere dich darauf, so viel Schaden wie möglich anzurichten.

- **Ressourcen teilen:** Bei Multiplayer-Jagden kann das Teilen von Ressourcen und Gegenständen einen erheblichen Unterschied machen. Wenn einem Jäger die Heiltränke ausgehen, biete ihm ein paar zusätzliche an, um ihm zu helfen. Wenn ein Teammitglied in Gefahr ist, solltest du in Erwägung ziehen, einen Heilgegenstand auf ihn anzuwenden oder Fallen zu stellen, um das Monster daran zu hindern, ihn zu verfolgen. Die gemeinsame Nutzung von Ressourcen fördert die Moral des Teams und stellt sicher, dass niemand zurückgelassen wird.

- **Kommunikation ist der Schlüssel:** Nutze den Sprach- oder Text-Chat im Spiel, um alle auf dem Laufenden zu halten. Egal, ob es darum geht, dir zu signalisieren, wann du Heilung brauchst, Teamkameraden mitzuteilen, wenn ein Monster kurz davor ist, einen Spezialangriff zu entfesseln, oder um Hilfe zu rufen, effektive Kommunikation macht den Unterschied. Klar und prägnant zu sein, hilft, Verwirrung zu vermeiden und alle auf dem gleichen Stand zu halten.

- **Bleiben Sie positiv und unterstützend:** Koop-Jagden können eine Herausforderung sein, besonders wenn Sie es mit harten

Monstern oder langen Kämpfen zu tun haben. Bleiben Sie positiv, ermutigen Sie Ihre Teamkollegen und bewahren Sie sich einen Sinn für Humor, wenn die Dinge nicht wie geplant laufen. Denken Sie daran, dass jede Jagd eine Gelegenheit ist, sich zu verbessern und voneinander zu lernen. Unterstützen Sie Ihr Team in schwierigen Momenten und feiern Sie gemeinsam die Siege.

6.2 TEAMROLLEN UND DIE BESTEN KOOP-TAKTIKEN

Im Koop-Modus geht es in *Monster Hunter Wilds* nicht nur darum, gemeinsam zu jagen, sondern auch darum, Rollen zu koordinieren, Strategien zu planen und Taktiken umzusetzen, die sich gegenseitig in ihren Stärken ergänzen. Jedes Mitglied des Teams hat eine bestimmte Rolle zu spielen, und es ist wichtig zu verstehen, wie jede Rolle zum Gesamterfolg der Jagd beiträgt. In diesem Abschnitt werden wir die wesentlichen Teamrollen und die besten Koop-Taktiken aufschlüsseln, mit denen euer Team in jedem Gefecht die Oberhand gewinnt.

1. Der Schadensverursacher (DPS)

Die Rolle des Schadensverursachers oder DPS (Schaden pro Sekunde) ist in der Regel diejenige, die sich darauf konzentriert, so viel Schaden wie möglich auszuteilen. Diese Jäger sind in der Regel mit schlagkräftigen Waffen ausgestattet, die es ihnen ermöglichen, ihren Schadensausstoß zu maximieren, wie z. B. Großschwerter, Langbögen oder Doppelklingen. Ihre Effektivität hängt jedoch stark von der Unterstützung ihrer Teamkollegen ab.

- **Waffen nach Wahl:** Großschwert, Langbogen, Doppelklingen, Ladeklinge
- **Rolle bei der Jagd:** Bei der DPS-Rolle geht es darum, den Schaden in Zeitfenstern zu maximieren, z. B. wenn das Monster betäubt oder abgelenkt ist. Sie müssen agil sein und Lücken nutzen, ohne übereifrig zu werden und sich anfällig für Gegenangriffe zu machen.
- **Beste Taktiken:** Bleibe mobil und achte immer auf die Bewegungen des Monsters. Die Positionierung ist der Schlüssel, um unnötigen Schaden zu vermeiden und dennoch mächtige Angriffe entfesseln zu können. Im Koop-Modus ist die Kommunikation mit deinen Teamkameraden entscheidend, damit

sie Lücken schaffen können, die du angreifen kannst. Erwäge, deine Angriffe mit anderen DPS-Rollen zu koordinieren, um mächtige Moves zu staffeln.

2. Der Panzer (Massenkontrolle und Schadensminderung)

Panzer spielen eine wichtige Rolle bei der Bewältigung der Hauptlast des Schadens. Ihre Hauptaufgabe besteht darin, die Aufmerksamkeit des Monsters abzulenken und so viel Schaden wie möglich zu absorbieren, während sich die DPS-Rollen auf das Angreifen konzentrieren. Panzer haben oft die beste Panzerung und Ausrüstung, so dass sie im Kampf länger überleben können.

- **Waffen der Wahl:** Schwert und Schild, Lanze, Gewehrlanze, Hammer
- **Rolle bei der Jagd:** Panzer sollten sich darauf konzentrieren, das Schlachtfeld zu kontrollieren und sich zwischen dem Monster und ihren Teamkameraden zu positionieren, um Angriffe zu absorbieren. Sie verwenden defensive Taktiken wie Blocken, Parieren oder das Betäuben des Monsters mit schweren Schlägen, um Lücken für andere Spieler zu schaffen. Auch wenn sie nicht den höchsten Schaden verursachen, sind sie unverzichtbar, um die Jagd unter Kontrolle zu halten.
- **Beste Taktik:** Bleibe immer in der Nähe des Monsters, um seine Aufmerksamkeit zu behalten. Nutze deine defensiven Fähigkeiten, um deine Teamkameraden vor Schaden zu schützen, vor allem, wenn das Monster schwächere oder verwundbarere Mitglieder ins Visier nimmt. Arbeite im Koop-Modus mit deiner Unterstützungsrolle zusammen, um sicherzustellen, dass du ständig geheilt und gestärkt wirst.

3. Die Unterstützung (Heilung und Buffing)

Support-Spieler sind die Lebensader eines jeden Koop-Teams und sorgen dafür, dass alle gesund und in Kampfform bleiben. Ob durch Heilgegenstände, Status-Buffs oder die Vorbeugung von Statusbeschwerden, die Unterstützungsrolle ist für eine erfolgreiche Jagd unerlässlich, insbesondere bei längeren und intensiveren Kämpfen.

- **Waffen nach Wahl:** Bogen, Insektenglefe, Heilwerkzeuge, Unterstützungsgewehrlanze

- **Rolle bei der Jagd:** Die unterstützende Rolle sollte sich darauf konzentrieren, hinter der Front zu bleiben und die Gesundheit und das Wohlbefinden der Teamkollegen zu überwachen. Sie können verletzte Spieler heilen, Status-Buffs anbieten oder Gegenstände liefern, die negativen Effekten wie Gift oder Lähmung entgegenwirken. Support-Spieler sollten sich auch der Ausdauer ihrer Teamkameraden bewusst sein und sich darauf konzentrieren, ihre Fähigkeiten aktiv zu halten.
- **Beste Taktiken:** Behalte immer die Gesundheit und Statuseffekte deiner Teamkameraden im Auge und setze deine Fähigkeiten und Gegenstände proaktiv ein. Zögert nicht, Heilgegenstände, Buffs oder Fallen an wichtigen Orten zu platzieren. Es ist wichtig, mobil zu bleiben und einen sicheren Abstand zum Monster zu halten, während du die Gesundheit und Ausdauer deines Teams verwaltest. Die Kommunikation mit den DPS- und Tank-Rollen ist der Schlüssel, um sicherzustellen, dass deine Heilung dort ankommt, wo sie am dringendsten benötigt wird.

4. Der Spezialist (Fallensetzer und Elementarangriffe)

Obwohl er nicht immer eine tragende Säule in jedem Team ist, ist der Spezialist für bestimmte Strategien von entscheidender Bedeutung, insbesondere wenn es um größere, widerstandsfähigere Monster geht. Diese Spieler konzentrieren sich darauf, Möglichkeiten für das Team zu schaffen, indem sie Fallen aufstellen, Elementarangriffe einsetzen oder Statusbeschwerden verursachen, die die Fähigkeit des Monsters, sich zu wehren, lähmen.

- **Waffen nach Wahl:** Leichtes Bogengewehr, Schweres Bogengewehr, Insektenglefe, Elementarhammer, Fallen
- **Rolle bei der Jagd:** Die Rolle des Spezialisten dreht sich darum, Fallen zu stellen, Elementarschaden zuzufügen oder Statuseffekte wie Lähmung, Schlaf oder Gift auf das Monster anzuwenden. Fallen und Statuseffekte sind von unschätzbarem Wert, um die Verteidigung des Monsters zu durchbrechen und Öffnungen für das Team zu schaffen, um stärkere Treffer zu landen.
- **Beste Taktiken:** Konzentriere dich auf das Anwenden von Elementarschaden und Statusbeeinträchtigungen, die die Schwächen des Monsters ausnutzen. Behalte das Verhalten des Monsters im Auge und setze Fallen an strategischen Punkten ein, um es festzuhalten, wenn es verwundbar ist. Koordiniere dich mit deinem Team, um sicherzustellen, dass die Falle zum richtigen

Zeitpunkt ausgelöst wird, und vermeide es, Ressourcen zu verschwenden, indem du die Falle stellst, wenn das Monster zu beweglich ist.

5. Teamwork und Koordination: Die besten Koop-Taktiken

Sobald jede Rolle verstanden ist, liegt die wahre Stärke des Koop-Spiels in nahtloser Teamarbeit und Koordination. Um sicherzustellen, dass deine Jagden effektiv sind und Spaß machen, musst du die folgenden Koop-Taktiken beherrschen:

- **Timing ist alles:** Jedes Mitglied des Teams sollte verstehen, wann es sich auf das Verursachen von Schaden konzentrieren und wann es sich zurückziehen und heilen muss. Das Timing großer Angriffe wie S-Crafts oder mächtiger Kombos mit den Angriffen deiner Teamkameraden ist unerlässlich, um das Monster schnell zu überwältigen. Das Warten auf die richtige Gelegenheit zum Zuschlagen ist entscheidend, und dies kann nur durch Kommunikation und Teamsynchronisation erreicht werden.

- **Fokusfeuer:** Wenn du es mit größeren Monstern zu tun hast, kann es dazu führen, dass mehrere Spieler denselben Körperteil angreifen, was dazu führen kann, dass schnellere Brüche auftreten und Schwachstellen freigelegt werden. Konzentriere das Feuer auf bestimmte Gliedmaßen oder Schwachstellen, wie z. B. den Kopf oder den Schwanz eines Monsters, um deine Chancen zu erhöhen, es ins Taumeln zu bringen oder ein Teil zu zerbrechen, um zusätzliche Belohnungen zu erhalten.

- **Verwendung von Umgebungsfallen:** Die Umgebung selbst kann als Waffe verwendet werden. Egal, ob es sich um Felsbrocken handelt, die von einer Klippe hängen, oder um giftige Pflanzen, die eine Explosion verursachen können, Umweltgefahren können Ihrem Team die Oberhand geben. Nutze diese Fallen, wenn sich das Monster in der Nähe der Umgebung befindet, aber sei vorsichtig, sie nicht vorzeitig auszulösen oder wenn deine Teamkameraden in Reichweite sind.

- **Ausdauer und Gesundheit überwachen:** Es ist wichtig, die Ausdauer- und Lebensbalken deiner Teamkameraden im Auge zu behalten. Wenn ein Teamkamerad keine Ausdauer mehr hat, ist er nicht in der Lage, seine besten Angriffe auszuführen oder sich richtig zu verteidigen. Die Support-Rolle sollte ein Auge auf diese Anzeigen haben und alle mit Heilgegenständen und Ausdauer-Boosts versorgen.

- **Kommunikation ist der Schlüssel:** Ob über den Voice-Chat oder Nachrichten im Spiel, es ist wichtig, alle während der Jagd auf dem Laufenden zu halten. Lass deine Teamkameraden wissen, wenn du einen Gegenstand benutzt, zum Rückzug aufrufst oder wenn ein Monster kurz davor steht, einen verheerenden Angriff zu starten. Eine einfache, klare Kommunikation kann den Unterschied ausmachen, wenn es darum geht, sicherzustellen, dass alle auf dem gleichen Stand sind und effektiv zur Jagd beitragen.

6.3 KOMMUNIKATIONSTIPPS FÜR EFFEKTIVE JAGDGESELLSCHAFTEN

In *Monster Hunter Wilds* kann Kommunikation den Unterschied zwischen einer erfolgreichen Jagd und einer kompletten Katastrophe ausmachen. Egal, ob Sie alleine mit KI-Gefährten jagen oder sich online mit Freunden zusammenschließen, eine klare und effektive Kommunikation ist unerlässlich, um Maßnahmen zu koordinieren, auf Bedrohungen zu reagieren und sicherzustellen, dass alle auf dem gleichen Stand sind. In diesem Abschnitt werden wir einige wichtige Kommunikationstipps aufschlüsseln, die Ihre Jagdgruppen effizienter und angenehmer machen.

1. Verwenden Sie Voice-Chat- oder Quick-Chat-Befehle

Eine der einfachsten und effektivsten Möglichkeiten, in *Monster Hunter Wilds zu kommunizieren,* ist der Voice-Chat oder das Quick-Chat-System. Der Voice-Chat ermöglicht die Kommunikation in Echtzeit, was für die Koordination von Angriffen, die Heilung oder das Ausrufen kritischer Momente bei der Jagd von entscheidender Bedeutung ist. Wenn Voice-Chat keine Option ist, bieten Schnellchat-Befehle voreingestellte Nachrichten, um wichtige Informationen zu übermitteln, ohne dass Sie tippen müssen.

- **Voice-Chat:** Stellen Sie immer sicher, dass Ihr Mikrofon klar ist und Sie kurz und bündig sprechen. Vermeidet es, übereinander zu reden, und stellt sicher, dass jeder wichtige Neuigkeiten hören kann, z. B. wenn ein Monster kurz davor ist, eine tödliche Bewegung auszuführen oder wenn ein Teammitglied Hilfe braucht.

- **Schneller Chat:** Schnelle Chat-Optionen können Zeit sparen, wenn es hitzig wird. Verwende sie, um zu signalisieren, ob du im Begriff bist, einen Gegenstand zu benutzen, Heilung brauchst oder wenn du eine bestimmte Taktik anwendest (z. B. eine Schwachstelle fallen zu stellen oder anzugreifen). Diese Nachrichten können auf Ihre Bedürfnisse zugeschnitten werden, und die Verwendung in intensiven Momenten stellt sicher, dass Ihr Team auf Kurs bleibt.

2. Rufe Monsterbewegungen und -angriffe an

Während einer Jagd können Monster unvorhersehbare Bewegungen und verheerende Angriffe haben. Das Benennen dieser Maßnahmen hilft Ihrem Team, Schäden zu vermeiden und effektiv zurückzuschlagen. Verwende den Voice-Chat oder den Schnellchat, um Teamkameraden zu warnen, wenn ein Monster kurz davor steht, einen verheerenden Angriff auszuführen, wie z. B. einen Schwanzhieb, eine Ladung oder einen Bodenschlag.

- **Ruf "Eingehender Angriff" oder "Achtung":** Wenn du siehst, dass ein Monster zu einer mächtigen Attacke ansetzt, alarmiere dein Team, indem du die Aktion ausrufst. Lassen Sie sie wissen, ob der Angriff auf sie abzielt oder ob er aus einer bestimmten Richtung kommt. Wenn du zum Beispiel siehst, dass ein Monster angreift, sag "Angriff!", um deinen Teamkameraden Zeit zum Ausweichen zu geben.

- **Ansage von anvisierten Spielern:** Wenn das Monster auf einen bestimmten Spieler abzielt, informiere deine Teamkameraden, damit sie ihre Positionen anpassen oder bei der Massenkontrolle helfen können. Zum Beispiel: "Panzer, mach dich bereit!" oder "Unterstützung, ich brauche Heilung!"

3. Koordinieren Sie das Timing für mächtige Angriffe und Fallen

Die Koordination des Timings ist entscheidend, besonders wenn du mächtige Fähigkeiten einsetzt oder Fallen stellst. Wenn du zusammenarbeitest, um kombinierte Angriffe zu entfesseln oder Fallen aufzustellen, kannst du Monsterteile schneller zerbrechen und die Gesamteffektivität des Monsters schwächen. Informiere dein Team, wenn du kurz vor einem Großangriff stehst, und richte deine Aktionen so aus, dass der Schaden maximiert wird.

- **Kündigt Spezialangriffe an:** Wenn ihr im Begriff seid, eine mächtige Attacke einzusetzen, wie z. B. den Elementarstoß einer Ladeklinge oder den Wahren Ladehieb eines Großschwerts, lasst es eure Teamkameraden wissen, damit sie sich entweder auf einen Folgekampf vorbereiten oder sich nicht einmischen können. Du kannst etwas sagen wie: "Ich lade auf!" oder "Warte auf mein S-Craft!"

- **Fallenkoordination:** Wenn du vorhast, eine Falle zu benutzen, stelle sicher, dass deine Teamkameraden sich dessen bewusst sind und dass sie so positioniert sind, dass sie aus den Effekten der Falle Kapital schlagen können. Zum Beispiel: "Ich stelle eine Falle! Haltet das Monster in der Nähe!" Auf diese Weise wissen deine Teamkameraden, dass sie sich um die Falle herum positionieren und das Monster an der Flucht hindern können.

4. Teilen Sie Ressourcen und Statusaktualisierungen

In *Monster Hunter Wilds* ist die Verwaltung deines Inventars, deiner Gesundheit und Ausdauer überlebenswichtig. Kommunizieren Sie mit Ihrem Team über den Status Ihrer Ressourcen und halten Sie es über Ihren Zustand auf dem Laufenden. Das Teilen von Heilgegenständen, Fallen oder Buffs kann das Blatt im Kampf wenden, besonders wenn jemand zur Neige geht.

- **Kündigen Sie niedrige Gesundheit oder Ausdauer an:** Wenn Sie wenig Gesundheit oder Ausdauer haben, lassen Sie es Ihr Team wissen, damit es Ihnen helfen kann. Zum Beispiel: "Wenig Gesundheit, Heilung nötig!" oder "Keine Ausdauer mehr, Verstärkung nötig!" So bleiben Ihre Teamkollegen über Ihre Bedürfnisse informiert und können entsprechend reagieren.

- **Teilen von Gegenständen:** Wenn du zusätzliche Heilgegenstände oder Buffs hast, biete sie deinen Teamkameraden in Not an. Wenn du mit einem Support-Spieler spielst, lass ihn wissen, wenn dir die Vorräte ausgehen, damit er dich wieder auffüllen kann. Du kannst sagen: "Ich habe Heiltränke, wer braucht einen?" oder "Mir gehen die Fallen aus, hat jemand Extras?"

5. Lege eine Jagdstrategie fest, bevor du das Monster angreifst

Bevor Sie mit der Jagd beginnen, nehmen Sie sich einen Moment Zeit, um den Plan mit Ihrem Team zu besprechen. Dies kann besonders hilfreich sein, wenn man es mit größeren oder herausfordernderen Monstern zu tun hat. Weisen Sie Rollen zu, entscheiden Sie, wer bestimmte Körperteile ins Visier nimmt, und stellen Sie sicher, dass jeder seine Verantwortlichkeiten kennt. Eine schnelle Strategiesitzung kann Zeit sparen und Verwirrung während der Jagd vermeiden.

- **Rollen zuweisen:** Diskutiere darüber, wer sich auf die Offensive (DPS) konzentriert, wer die Angriffe des Monsters abwehrt und wer sich auf das Heilen oder das Aufstellen von Fallen konzentriert. Dies ermöglicht es jedem, seine Rolle bei der Jagd zu verstehen, und stellt sicher, dass niemand sich darum kümmern muss, herauszufinden, was er tun soll.

- **Setze Erwartungen:** Lass dein Team wissen, ob du vorhast, Fallen zu verwenden, ob du dich auf das Fangen konzentrierst oder ob du einen aggressiveren Ansatz wählst, um das Monster zu töten. Dies gibt den Ton für die Jagd an und hilft allen, auf Kurs zu bleiben.

6. Bleiben Sie in Krisenmomenten ruhig

Wenn etwas schief geht, kann man leicht in Panik geraten. Unter Druck ruhig zu bleiben und klar zu kommunizieren, ist jedoch entscheidend für eine erfolgreiche Jagd. Wenn ein Teammitglied am Boden liegt oder das Monster einen verheerenden Angriff ausführt, atme tief durch und kommuniziere die nächsten Schritte.

- **Halten Sie es klar und prägnant:** Stellen Sie in der Hitze des Gefechts sicher, dass Ihre Botschaften kurz, klar und auf den Punkt gebracht sind. Zum Beispiel: "Ich werde dich wiederbeleben!" oder "Bleib zurück, ich heile!" Dies hilft Ihrem Team, konzentriert zu bleiben und verhindert Verwirrung in chaotischen Momenten.

- **Unterstützung unter Druck:** Wenn Ihr Team unter Druck steht, bewahren Sie einen kühlen Kopf und ermutigen Sie. Ein ruhiges "Wir haben das!" oder "Nur noch ein bisschen, wir haben es fast geschafft!" kann die Stimmung hoch halten und verhindern, dass Frust die Oberhand gewinnt.

6.4 MULTIPLAYER-ETIKETTE: DO'S UND DON'TS

Während *sich bei Monster Hunter Wilds* alles um Teamwork und Zusammenarbeit dreht, ist die soziale Dynamik der Multiplayer-Jagd genauso wichtig wie die Beherrschung der Kampfmechanik. Das Verständnis der richtigen Multiplayer-Etikette stellt sicher, dass jeder das Spiel genießt, Frustrationen minimiert und eine positive, kooperative Atmosphäre fördert. In diesem Abschnitt behandeln wir die wichtigsten Do's und Don'ts bei der Jagd mit anderen.

1. Respektiere den Spielstil deiner Teamkollegen

Jeder Jäger geht das Spiel anders an, und es ist wichtig, den bevorzugten Spielstil deiner Teamkameraden zu respektieren. Egal, ob sie methodisch und defensiv oder aggressiv und rasant sind, Flexibilität und Verständnis sind der Schlüssel zu einem reibungslosen Multiplayer-Erlebnis.

- **Erkenne verschiedene Rollen:** Einige Spieler ziehen es vor, sich auf das Verursachen von Schaden zu konzentrieren, während andere die Rolle des Tankens, Heilens oder Unterstützens übernehmen. Erkennen und respektieren Sie diese Rollen immer, da sie für den Teamerfolg entscheidend sind. Vermeiden Sie es, eine Rolle zu übernehmen, zu der sich bereits jemand anderes verpflichtet hat, es sei denn, dies wurde vorher besprochen.

- **Passe dich an die Stärken deiner Teamkameraden an:** Wenn einer deiner Teamkameraden hervorragend darin ist, die Aufmerksamkeit des Monsters auf sich zu ziehen, lass ihn den Angriff anführen. Wenn jemand für Präzisionsangriffe bekannt ist, lassen Sie ihn mit Schwachstellen umgehen. Vertraue auf die Fähigkeiten deines Teams und spiele in Harmonie.

2. Überstürzen Sie die Jagd nicht

Wenn Sie eine Jagd überstürzen, kann dies zu Fehlern, verpassten Gelegenheiten und einer weniger angenehmen Erfahrung für alle Beteiligten führen. Wenn Sie sich Zeit nehmen, um Ihren Plan effizient zu planen, zu kommunizieren und umzusetzen, wird dies zu einem zufriedenstellenderen Ergebnis führen.

- **Lass es langsam angehen:** Vermeide es, durch ein Gebiet zu sprinten, nur um das Monster zu erreichen. Nehmen Sie sich Zeit, um Ressourcen zu sammeln, Ihre Gedanken zu sammeln und vorausschauend zu planen. Jeder Teil der Jagd kann wertvolle Möglichkeiten bieten, also übersehen Sie nicht die Details. Respektieren Sie das Tempo der Jagd, insbesondere wenn Ihr Team bestimmte Materialien erkunden oder sammeln möchte.

- **Setzen Sie Ihre Teamkollegen nicht unter Druck:** Einige Spieler benötigen möglicherweise zusätzliche Zeit, um sich mit der Steuerung vertraut zu machen, oder benötigen mehr Zeit, um ihre Strategie zu entwickeln. Seien Sie geduldig mit Ihren Teamkollegen und vermeiden Sie es, sie zu hetzen oder sie unter Druck zu setzen, schneller zu werden. Es geht darum, in einem Tempo zusammenzuarbeiten, das zum gesamten Team passt.

3. Kommunizieren Sie, aber bleiben Sie positiv

Eine klare und positive Kommunikation ist einer der Eckpfeiler der Multiplayer-Etikette. Halten Sie Ihre Nachrichten konstruktiv und freundlich, besonders in stressigen Momenten. Hilfreiches Feedback oder ermutigende Worte können den Unterschied ausmachen, wenn es darum geht, einen positiven Teamgeist aufrechtzuerhalten.

- **Geben Sie konstruktives Feedback:** Wenn Sie auf etwas hinweisen müssen, tun Sie dies mit Freundlichkeit. Anstatt zum Beispiel zu sagen: "Du machst deinen Job nicht", versuche es mit "Lass uns darauf konzentrieren, den Schwachpunkt des Monsters zu treffen" oder "Kannst du seine Aufmerksamkeit auf dich ziehen, während ich heile?" Dadurch bleibt die Atmosphäre unterstützend und das Team kann sich verbessern, ohne kritisiert zu werden.

- **Ermutigen und loben Sie Ihr Team:** Jeder schätzt positive Verstärkung. Egal, ob es sich um eine erfolgreiche Jagd, eine gut ausgeführte Falle oder ein brillantes Stück Teamwork handelt, geben Sie immer Anerkennung, wo sie gebührt. Ein einfaches "Guter Schuss!" oder "Tolle Arbeit, Team!" kann die Moral stärken und die Kameradschaft fördern.

4. Scheuen Sie sich nicht, um Hilfe zu bitten

Jeder fängt irgendwo an, und niemand erwartet, dass du sofort perfekt bist. Wenn du Probleme hast oder dir bei etwas im Spiel unsicher bist, zögere nicht, um Hilfe zu bitten. Ein kooperatives Multiplayer-Erlebnis basiert auf gegenseitiger Unterstützung.

- **Bitte um Rat:** Wenn du neu im Spiel oder bei einer bestimmten Waffe bist, frage deine Teamkollegen nach Tipps oder Ratschlägen. Die meisten Spieler sind mehr als glücklich, ihr Wissen zu teilen, und Fragen zu stellen, zeigt, dass du bereit bist, zu lernen und als Jäger zu wachsen.

- **Scheue dich nicht, eine Wiederbelebung zu brauchen:** Manchmal geht etwas schief und du wirst während einer Jagd zu Boden gebracht. Scheuen Sie sich nicht, nach einer Wiederbelebung zu fragen. In einem teambasierten Spiel sollten sich alle gegenseitig unterstützen, und eine rechtzeitige Wiederbelebung kann das Blatt in einer Schlacht wenden.

5. Vermeiden Sie es, den Ablauf der Jagd zu stören

Den Ablauf der Jagd zu unterbrechen, kann für alle Beteiligten frustrierend sein. Egal, ob es sich um übermäßige AFK-Zeit, das frühe Verlassen der Jagd oder das Starten unnötiger Nebenaktivitäten handelt, versuche, dich auf die Jagd selbst zu konzentrieren.

- **Bleiben Sie engagiert:** Wenn Sie mit anderen spielen, ist es wichtig, aktiv zu bleiben und sich auf die Jagd zu konzentrieren. Schweifen Sie nicht unnötig ab und hören Sie nicht auf, daran teilzunehmen, es sei denn, es ist absolut notwendig. Wenn Sie eine Pause einlegen müssen, kommunizieren Sie zuerst mit Ihrem Team. Wenn Sie in einer Gruppe sind, verlassen Sie die Jagd nicht abrupt, ohne zu erklären, warum. Es ist immer höflich, Ihr Team zu informieren.

- **Vermeiden Sie Ablenkungen:** Egal, ob es darum geht, Chats mit irrelevanten Nachrichten zu spammen oder die Strategien anderer zu unterbrechen, vermeiden Sie unnötige Ablenkungen. Wenn etwas Wichtiges auftaucht, teilen Sie es kurz und deutlich mit, ohne die Aufmerksamkeit von der Hauptaufgabe abzulenken.

6. Nimm das Spiel nicht zu ernst

Am Ende des Tages ist *Monster Hunter Wilds* ein Spiel, das Spaß machen und Spaß machen soll. Teamwork und Strategie sind zwar für den Erfolg unerlässlich, aber denken Sie daran, dass nicht immer alles nach Plan läuft. Es ist wichtig, einen Sinn für Humor zu bewahren, unbeschwert zu bleiben und sich von Rückschlägen nicht entgleisen zu lassen.

- **Bleiben Sie bei Misserfolgen positiv:** Lassen Sie nicht zu, dass Misserfolge oder Rückschläge in Frustration umschlagen. Jeder Jäger hat schon seinen Anteil an schief gelaufenen Jagden. Der Schlüssel ist, zu lachen, aus Fehlern zu lernen und es erneut zu versuchen. Nehmen Sie die Dinge nicht persönlich und vermeiden Sie es, mit Teamkollegen zu streiten. Konzentrieren Sie sich stattdessen darauf, wie Sie sich als Team für die nächste Jagd verbessern können.

- **Genieße die Reise:** Denke daran, dass *es in Monster Hunter Wilds* darum geht, zu erkunden, zu jagen und dich zu verbessern. Jedes Monster, jede Jagd und jeder Kampf ist eine Gelegenheit, zu wachsen und die Welt zu genießen. Sorgen Sie dafür, dass das Erlebnis Spaß macht, und verlieren Sie nicht aus den Augen, warum Sie überhaupt mit dem Spielen begonnen haben.

KAPITEL 7: QUEST UND FORTSCHRITT

7.1 VERSTÄNDNIS DER QUESTTYPEN UND ZIELE

In *Monster Hunter Wilds* sind Quests das Herzstück deines Fortschritts. Von einfachen Jagden bis hin zu epischen, vielschichtigen Abenteuern bieten Quests sowohl Struktur als auch Freiheit und geben den Spielern die Möglichkeit, auf vielfältige Weise zu erkunden, zu kämpfen und zu sammeln. Zu wissen, auf welche Arten von Quests du stoßen wirst und wie du sie ansprichst, ist wichtig, um das Spiel zu meistern. In diesem Abschnitt erfährst du die wichtigsten Questtypen, ihre Ziele und wie du sie effizient navigieren kannst, um dein Spielerlebnis zu maximieren.

1. Hauptstory-Quests: Die Handlung vorantreiben

Die Quests der Hauptgeschichte sind die treibende Kraft hinter deinem Abenteuer in *Monster Hunter Wilds*. Diese Quests sind entscheidend, um im Spiel voranzukommen und neue Regionen, Waffen und Monster freizuschalten, die du jagen kannst. Während du durch diese Quests voranschreitest, wirst du auf entscheidende Momente in der Geschichte stoßen, und diese Quests werden dein Gesamterlebnis bestimmen.

- **Fortschritt der Handlung:** Das Abschließen von Hauptquests enthüllt wichtige Details zur Handlung, führt neue Charaktere ein und vertieft deine Verbindung zur Welt von *Monster Hunter* Wilds. Diese Quests sind so konzipiert, dass sie stärker erzählerisch sind und die Grenzen deines Verständnisses der Welt und dessen, was auf dem Spiel steht, erweitern.

- **Quest-Schwierigkeitsgrad:** Die Quests der Hauptgeschichte werden immer schwieriger und erfordern von dir, deine Fähigkeiten zu verbessern und deine Strategie anzupassen. Diese Quests sind in der Regel länger und haben komplexere Ziele, darunter mehrstufige Kämpfe oder die Einführung großer Bosse.

- **Belohnungen:** Wenn du diese Quests abschließt, erhältst du neue Waffen, Rüstungssets und wichtige Gegenstände, die dir helfen, dein Abenteuer voranzutreiben. Die Hauptquests der Geschichte bieten oft einige der besten Fortschrittsbelohnungen des Spiels, also priorisiere sie, wenn du das volle Potenzial deines Jägers freischalten willst.

2. Nebenquests: Optionale Aufgaben mit wertvollen Belohnungen

Während die Hauptquests die Handlung vorantreiben, sind Nebenquests ebenso wichtig. Diese optionalen Aufgaben ermöglichen es dir, verschiedene Aspekte des Spiels zu erkunden, die für die Handlung vielleicht nicht entscheidend sind, aber wertvolle Belohnungen und Verbesserungen bieten. Nebenquests helfen dir, Ressourcen zu sammeln, bestimmte Monster zu jagen und deine Fähigkeiten außerhalb der Haupterzählung zu verfeinern.

- **Vielzahl von Zielen:** Nebenquests gibt es in allen Formen und Größen, von der Jagd auf bestimmte Monsterarten über das Sammeln bestimmter Materialien bis hin zur Unterstützung von NPCs in Not. Diese Quests erkunden oft verschiedene Elemente der Spielwelt und geben dir die Freiheit, dein Spielerlebnis nach deinen Vorlieben anzupassen.

- **Aufbau von Fähigkeiten und Ressourcen:** Das Abschließen von Nebenquests hilft dir, deinen Charakter zu verbessern, indem du Gegenstände für die Herstellung sammeln, Rüstungen verbessern und neue Waffentypen testen kannst. Sie bieten auch Erfahrungspunkte, die nützlich sind, um deinen Jäger aufzuleveln und neue Fähigkeiten freizuschalten.

- **Versteckte Belohnungen:** Viele Nebenquests bieten besondere versteckte Belohnungen, wie einzigartige Materialien, seltene Handwerksgegenstände oder sogar die Fähigkeit, legendären Monstern zu begegnen. Wenn du sie abschließt, verleihst du mehr Tiefe in deinem Spielerlebnis und schaltest oft Inhalte frei, die in der Haupthandlung nicht sofort verfügbar sind.

3. Zeitlich begrenzte und zeitlich begrenzte Quests: Besondere Herausforderungen mit einzigartigen Belohnungen

Zeitlich begrenzte und zeitlich begrenzte Quests sind ein einzigartiges Feature in *Monster Hunter Wilds*. Diese Quests vermitteln ein Gefühl der Dringlichkeit und Aufregung, indem sie spezielle Herausforderungen bieten, die nur für einen begrenzten Zeitraum verfügbar sind. Wenn du diese Quests innerhalb des festgelegten Zeitrahmens abschließt, erhältst du exklusive Belohnungen, von denen einige im regulären Spiel nicht verfügbar sind.

- **Zeitlich begrenzte, spezielle Events:** Diese Quests fallen oft mit In-Game-Events oder Sonderaktionen zusammen und bieten dir die Möglichkeit, seltene Monster zu jagen, spezielle Materialien zu sammeln oder an thematischen Jagden teilzunehmen. Sie verleihen dem Spiel einen dynamischen Aspekt und halten das Erlebnis frisch und aufregend.

- **Zeitlich begrenzte Belohnungen:** Zeitlich begrenzte Quests bieten exklusive Belohnungen wie Skins, Spezialausrüstung oder mächtige Gegenstände, die deinem Jäger einen einzigartigen Vorteil verleihen. Diese Belohnungen sind in der Regel thematisch nach dem Event gestaltet und können für Spieler, die ihr Spielerlebnis anpassen oder schwer zu findende Ressourcen erhalten möchten, äußerst wertvoll sein.

- **Zusammenarbeit mit dem Mehrspielermodus:** Viele zeitlich begrenzte Quests sind so konzipiert, dass sie im Mehrspielermodus abgeschlossen werden können, was sie zu einer fantastischen Möglichkeit macht, Kameradschaft mit anderen Spielern aufzubauen. Diese Quests können auch höhere Schwierigkeitsgrade haben, so dass Teamwork oft entscheidend für den Erfolg ist.

4. Gilden-Quests: Kooperative Missionen für das Teamspiel

Gildenquests sind auf Teamwork ausgelegt und ermöglichen es den Spielern, sich zusammenzuschließen und gemeinsam Herausforderungen zu meistern. Diese Quests beinhalten oft schwierigere Jagden und erfordern eine Gruppe, die Strategien entwickelt, kommuniziert und kohärent zusammenarbeitet, um Erfolg zu haben.

- **Gemeinsame Anstrengungen:** Bei Gildenquests müssen sich in der Regel mehrere Spieler zusammenschließen, was sie ideal für Freunde oder andere Spieler macht, die auf der Suche nach kooperativen Erfahrungen sind. Diese Quests sind oft mit herausfordernden Zielen verbunden, und das Team muss sich aufeinander verlassen, um zu überleben und erfolgreich zu sein.

- **Erhöhter Schwierigkeitsgrad:** Rechnet damit, dass Gildenquests im Vergleich zu Einzeljagden höhere Schwierigkeitsgrade haben. Monster können mehr Gesundheit, komplexere Angriffsmuster oder zusätzliche Mechaniken haben, die eine sorgfältige Planung und Koordination erfordern. Sei bereit, deine Strategie je nach dem Monster, dem du gegenüberstehst, anzupassen.

- **Belohnungssystem:** Gildenquests bieten in der Regel erhebliche Belohnungen für die Bemühungen des Teams, wie z. B. seltene Materialien oder exklusive Ausrüstung. Je herausfordernder die Quest, desto besser die potenziellen Belohnungen, zu denen Upgrades für Waffen und Rüstungssets gehören können, die auf das Teamspiel zugeschnitten sind.

5. Sammelquests: Plündere und ernte das Land

Während sich viele deiner Quests auf die Monsterjagd konzentrieren, sind Sammelquests für die Herstellung, Aufrüstung und Wartung deiner Ausrüstung unerlässlich. Diese Quests stellen dich vor die Aufgabe, bestimmte Materialien aus der Umgebung zu sammeln oder bestimmte Monster für ihre Teile zu besiegen.

- **Ressourcensammlung:** Bei Sammelquests musst du in der Regel Kräuter, Erze oder Teile von Monstern sammeln. Diese Quests sind perfekt für Jäger, die ihre Ausrüstung aufrüsten oder sich mit Handwerksgegenständen eindecken möchten. Sie sind ideal, wenn du eine Pause vom Kampf brauchst, aber trotzdem deinen Charakter voranbringen möchtest.

- **Strategisches Sammeln:** Einige Materialien werden an abgelegenen Orten gefunden oder erfordern bestimmte Wetterbedingungen, um zu erscheinen. Möglicherweise musst du auch schwer fassbare Monster aufspüren, deren Teile für die Herstellung fortschrittlicher Waffen und Rüstungen unerlässlich sind. Das Spiel fördert die strategische Planung für das Sammeln von Ressourcen und erfordert, dass du im Voraus planst.

- **Ergänzung zu anderen Quests:** Sammelquests sind oft an den Abschluss anderer Jagden oder Missionen gebunden und fungieren als zusätzliche Aufgabe, die dich mit Ressourcen belohnt, die du für deine wichtigeren Ziele benötigst. Wenn du diese Quests abschließt, kannst du mächtige neue Gegenstände herstellen, die sicherstellen, dass du immer auf die nächste Herausforderung vorbereitet bist.

7.2 DIE BESTEN NEBENQUESTS FÜR SELTENE BELOHNUNGEN

Nebenquests in *Monster Hunter Wilds* sind nicht nur ein Zeitvertreib: Sie sind eine fantastische Gelegenheit, seltene und wertvolle Belohnungen freizuschalten. Diese Quests führen dich oft zu versteckten Juwelen, die dein Arsenal, deine Ausrüstung und deinen allgemeinen Fortschritt verbessern. Wenn du auf der Suche nach der besten Ausrüstung, seltenen Handwerksmaterialien oder einzigartigen Gegenständen bist, die nicht in der Haupthandlung zu finden sind, sind Nebenquests die beste Wahl. In diesem Abschnitt werden wir einige der lohnendsten und faszinierendsten Nebenquests untersuchen, denen du begegnen wirst, und wie du die Belohnungen, die du daraus erhältst, maximieren kannst.

1. Legendäre Bestienjagden

Eine der aufregendsten und lohnendsten Nebenquests in *Monster Hunter Wilds* ist die Jagd auf legendäre Bestien, die die Wildnis durchstreifen. Diese Kreaturen sind oft schwer fassbar, mächtig und erfordern fortschrittliche Jagdtechniken, um sie aufzuspüren und zu besiegen.

- **Überblick:** In diesen Quests musst du seltene und furchterregende Monster jagen, die nicht Teil der Hauptgeschichte sind. Sie haben oft ihre eigenen einzigartigen Mechaniken, darunter seltene Angriffe und Verhaltensweisen, bei denen du strategisch denken musst.

- **Seltene Belohnungen:** Wenn du diese Jagden abschließt, erhältst du seltene Materialien, die oft für die Herstellung legendärer Waffen oder spezieller Rüstungssets verwendet werden. Diese Gegenstände sind oft ein deutlicher Machtsprung im Vergleich zu denen, die man von normalen Monstern findet.

- **Herausforderungen:** Legendäre Bestien sind herausfordernd und erfordern in der Regel die Koordination mehrerer Jäger. Stelle sicher, dass du die richtige Teamzusammenstellung und leistungsstarke Ausrüstung hast, um sie zu besiegen.

2. Elementaressenzsammler

Die Nebenquest "Elemental Essence Gatherer" beinhaltet die Suche nach seltenen Elementarressourcen, die über die ganze Welt verstreut sind. Wenn du diese Quest abschließt, erhältst du mächtige Elementargegenstände, die deinen Elementarschaden und deine Resistenzen erhöhen oder mächtige elementarbasierte Waffen herstellen können.

- **Überblick:** Du hast die Aufgabe, seltene Ressourcen zu sammeln, die verschiedenen Elementartypen wie Feuer, Wasser, Eis oder Blitz entsprechen. Diese Materialien sind über die ganze Welt verstreut, oft in gefährlichen oder schwer zugänglichen Gebieten.

- **Seltene Belohnungen:** Die Belohnung für den Abschluss dieser Quest sind oft elementare Ausrüstung oder Handwerksmaterialien, mit denen du Waffen mit starken Elementareffekten herstellen kannst. Diese Waffen können im Umgang mit Monstern entscheidend sein, die gegenüber bestimmten Elementen schwach sind.

- **Strategischer Ansatz:** Diese Quest erfordert oft, dass du aufmerksam bist und jeden Winkel der Umgebung erkundest, um die richtigen Elementarknoten zu finden. Behalte das Wetter und die Tageszeit im Spiel im Auge, da bestimmte Elemente unter bestimmten Bedingungen häufiger vorkommen.

3. Anfrage des Meisters

The Master Craftsman's Request ist eine Nebenquest, die dich herausfordert, bestimmte Gegenstände zu sammeln, die du für die Herstellung seltener und mächtiger Rüstungen und Waffen benötigst. Bei diesen Quests geht es oft darum, Teile von schwer zu findenden Monstern oder versteckten Bereichen zu sammeln und hochstufige Handwerksoptionen freizuschalten.

- **Überblick:** In dieser Quest musst du seltene Materialien sammeln oder bestimmte Monster jagen, die einzigartige Handwerksgegenstände fallen lassen. Die Belohnung ist in der Regel ein spezieller Handwerksbauplan oder die Fähigkeit, vorhandene Ausrüstung auf ihr maximales Potenzial aufzurüsten.

- **Seltene Belohnungen:** Die besten Belohnungen aus dieser Quest sind die seltenen Blaupausen für Waffen oder Rüstungen, die aus einigen der härtesten Materialien des Spiels hergestellt werden. Diese Gegenstände können die Fähigkeiten deines Charakters erheblich verbessern und dich bei zukünftigen Jagden fähiger machen.

- **Tipps für den Erfolg:** Um diese Quest erfolgreich zu bestehen, musst du sicherstellen, dass du gut ausgerüstet bist, um die spezifischen Monster zu jagen, die für diese Materialien benötigt werden. Einige der Materialien können bestimmte Wetter- oder Umweltbedingungen erfordern, um zu erscheinen, daher sind Vorbereitung und Geduld der Schlüssel.

4. Die Questreihe "Versteckte Tempel und Ruinen"

In der Questreihe "Verborgene Tempel und Ruinen" geht es darum, uralte, vergessene Orte in der Wildnis zu finden, die Geheimnisse, Schätze und lange verlorene Technologie bergen. Diese Quests sind oft mit der Geschichte des Spiels verknüpft, und wenn du sie abschließt, erhältst du einzigartige Artefakte und Ausrüstung.

- **Überblick:** Bei diesen Nebenquests musst du in der Regel tief in abgelegene Regionen der Welt vordringen, in denen uralte Ruinen oder Tempel versteckt sind. Diese Bereiche sind oft mit Rätseln, Fallen und seltenen Feinden gefüllt, die die Schätze darin bewachen.

- **Seltene Belohnungen:** Durch das Abschließen der Quests "Verborgene Tempel und Ruinen" werden einzigartige Artefakte oder mächtige Relikte freigeschaltet, die verschiedene Buffs und Werte-Boosts bieten oder sogar den Weg zur Herstellung einiger der seltensten Gegenstände im Spiel ebnen.

- **Besonderer Hinweis:** Einige dieser Quests sind zeitkritisch oder erfordern, dass du Rätsel in den Tempeln löst, um an die Schatztruhen zu gelangen. Achte auf die Umgebung und suche nach Hinweisen, die dir helfen könnten, den nächsten Teil des Puzzles zu entschlüsseln.

5. Die Bitte des Kartographen

Bei der Anforderung des Kartographen geht es darum, unerforschte Gebiete auf der Karte aufzudecken, indem du bestimmte Nebenquests abschließt, bei denen du neue und versteckte Regionen erkunden musst. Diese Quests führen dich oft in Gebiete, in denen es wertvolle Materialien, seltene Kreaturen und versteckte Schätze gibt.

- **Überblick:** Diese Questreihe regt zur Erkundung an und belohnt dich für die Entdeckung neuer Orte. Jedes neue Gebiet, das du aufdeckst, kann zu einem Monsterkampf, einer versteckten Ressource oder einem neuen Gebiet führen, in dem du seltene Gegenstände sammeln kannst.

- **Seltene Belohnungen:** Zu den Belohnungen für diese Quests gehören oft mächtige Materialien, seltene Handwerksgegenstände und der Zugang zu geheimen Bereichen, die einige der wertvollsten Ressourcen im Spiel enthalten.

- **Erkundungstipps:** Wenn du dich in unbekannte Gebiete vorwagst, solltest du dich auf höherstufige Monster und gefährlichere Umgebungen gefasst machen. Nimm dir Zeit, um alle Orte, die du besuchst, sorgfältig zu erkunden und zu dokumentieren, denn jede Entdeckung bringt dich den ultimativen Belohnungen näher.

7.3 EFFIZIENTE FORTSCHRITTSSTRATEGIEN FÜR SCHNELLES LEVELN

Um in Monster Hunter Wilds *schnell aufzusteigen* , ist eine Mischung aus intelligenter Jagd, Ressourcenmanagement und strategischer Planung erforderlich. Beim Fortschritt geht es nicht nur darum, Monster zu besiegen, sondern auch darum, deine Herangehensweise an Quests zu optimieren, Ressourcen zu sammeln und mächtige Ausrüstung herzustellen. Egal, ob du ein neuer Jäger oder ein erfahrener Veteran bist, der seinen Stufenaufstiegsprozess beschleunigen möchte, in diesem Abschnitt erfährst du die besten Strategien, um deine EP zu maximieren und schnell in den Rängen aufzusteigen.

1. Konzentrieren Sie sich auf lohnende Jagden

Nicht alle Monster sind gleich, und wenn du dich auf Jagden mit hohen Belohnungen konzentrierst, erhältst du die meisten Erfahrungspunkte pro Anstrengungseinheit. Haltet Ausschau nach Monstern, die erhebliche

Erfahrungsbelohnungen und seltene Materialien bringen oder Teil von Quests mit erhöhten EP-Auszahlungen sind.

- **Wähle Monsterjagden mit Bedacht:** Priorisiere hochstufige Monster, die die meisten Erfahrungspunkte bieten, aber achte auf ihren Schwierigkeitsgrad. Die Jagd auf größere, gefährlichere Kreaturen bringt oft bessere Belohnungen, aber es ist wichtig zu wissen, wann du bereit bist, dich ihnen zu stellen.

- **Nutze die Vorteile von Event-Quests:** Event-Quests oder spezielle Jagd-Events sind eine fantastische Möglichkeit, in kurzer Zeit eine beträchtliche Menge an EP zu sammeln. Diese Quests bieten oft Monster mit erhöhten Erfahrungsbelohnungen oder bieten mehrere hochstufige Monster, die in einer einzigen Mission gejagt werden können.

- **Gruppenjagden auf mehr EP:** Wenn möglich, verbünde dich mit anderen Spielern, um es mit harten Monstern aufzunehmen. Während der Schwierigkeitsgrad steigt, steigt auch die Belohnung. Wenn du einen herausfordernden Feind mit einem Team besiegst, erhältst du im Vergleich zu einer Solo-Jagd eine beträchtliche Menge an Erfahrung.

2. Meistere die Kunst der Quest-Effizienz

Effizientes Questen ist der Schlüssel zu schnellem Leveln. Je mehr Quests du in kurzer Zeit abschließen kannst, desto schneller kommst du voran. Einige Quests sind auf Geschwindigkeit ausgelegt, während andere es dir ermöglichen, mehrere Belohnungen aus einer einzigen Aktivität zu erhalten.

- **Stapel-Quests:** Wann immer möglich, nimm mehrere Quests an, die sich in ihren Zielen überschneiden. Wenn du zum Beispiel ein Monster jagst, das wertvolle Handwerksmaterialien fallen lässt, prüfe, ob es andere Quests gibt, die die gleichen Materialien oder das gleiche Monster erfordern, damit du mehr als eine Aufgabe auf einmal erledigst.

- **Konzentriere dich auf abgeschlossene Quests:** Bestimmte Nebenquests, insbesondere solche, bei denen du Ziele auf mehreren Jagden oder Missionen erfüllen musst, bieten einen großen Schub für deine EP. Diese können etwas zeitaufwändiger sein, können aber zu großen Fortschrittssteigerungen führen, wenn sie konsequent durchgeführt werden.

- **Quest-Boni verwenden:** Einige Quests enthalten Bonus-EP für das Abschließen von Sekundärzielen oder bestimmten Bedingungen (z. B. das Abschließen einer Quest in weniger als einer bestimmten Zeit oder das Besiegen eines Monsters mit bestimmten Techniken). Stellen Sie sicher, dass Sie diese Boni immer überprüfen, um Ihre Belohnungen zu maximieren.

3. Maximieren Sie das Sammeln und Herstellen von Ressourcen

Das Sammeln und Herstellen mag wie eine Nebenaktivität erscheinen, aber in *Monster Hunter Wilds* ist es ein wesentlicher Bestandteil des Levelprozesses. Das Herstellen neuer Waffen und Rüstungen oder das Aufrüsten deiner vorhandenen Ausrüstung stellt sicher, dass du immer auf härtere Jagden vorbereitet bist, und das Sammeln von Ressourcen hilft dir, deine Handwerksfähigkeiten zu verbessern.

- **Sammle effizient Ressourcen:** Konzentriere dich auf das Sammeln von Ressourcen, während du jagst, insbesondere solche, die für die Herstellung neuer Ausrüstung oder die Aufrüstung deiner vorhandenen Rüstungen und Waffen benötigt werden. Einige Ressourcen bieten große EP-Boni, wenn sie in Handwerksrezepten verwendet werden, also stelle immer sicher, dass du alles aufsammelst, was dir möglicherweise beim Levelaufstieg helfen könnte.

- **Regelmäßig herstellen und aufrüsten:** Konzentriere dich nicht nur darauf, die Kampffähigkeiten deines Jägers zu verbessern. Wenn du deine Waffen und Rüstungen regelmäßig verbesserst, kannst du sicherstellen, dass du immer für schwierigere Quests gerüstet bist. Das Herstellen neuer Gegenstände aus seltenen Materialien belohnt dich mit Erfahrung und verschafft dir einen dringend benötigten Vorteil im Kampf.

- **Nutze Beute:** Achte auf Beute, die von Monstern oder Interaktionen mit der Umgebung stammt, insbesondere auf solche mit höherem EP-Wert. Viele dieser Ressourcen können verwendet werden, um bessere Ausrüstung herzustellen, was wiederum deinen Fortschritt fördert.

4. Gefechtstraining: Fokus auf Effizienz und Präzision

Kämpfe sind für den Aufstieg in *Monster Hunter Wilds* von zentraler Bedeutung. Je effizienter und präziser deine Kampfstrategien sind, desto schneller kannst du Monster besiegen und dabei mehr EP verdienen. So verbesserst du deine Kampfeffizienz:

- **Perfektioniere deine Jagdtechniken:** Konzentriere dich darauf, einige ausgewählte Waffen oder Kampftechniken zu beherrschen, die zu deinem Spielstil passen. Indem du deine Fähigkeiten verfeinerst, kannst du Feinde effizienter besiegen, was bedeutet, dass du weniger Ressourcen pro Jagd verbrauchst und mehr EP pro Mission erhältst.

- **Nutze elementare Schwächen zu deinem Vorteil:** Monsterschwächen zu verstehen und sie mit Elementarwaffen oder -angriffen auszunutzen, ist entscheidend für schnellere Jagden. Monster mit elementaren Verwundbarkeiten können schneller erledigt werden, was zu mehr EP in kürzerer Zeit führt.

- **Spiele klug in Kämpfen:** Verschwende keine Zeit mit unnötigen Angriffen und konzentriere dich auf optimale Moves. Die Verwendung von Ausweichmanövern, Paraden und gut getimten Angriffen hilft dir, die Dauer der Jagden zu minimieren und die Anzahl der Jagden, die du in einer bestimmten Zeit abschließen kannst, zu maximieren.

5. Konzentriere dich auf Teamwork und Multiplayer-Jagden

Während sich das Solospiel lohnen kann, bietet die Mehrspielerjagd eine ganze Reihe neuer Vorteile. Wenn du dich mit anderen verbündest, kannst du es nicht nur mit stärkeren Monstern aufnehmen, sondern auch deine Jagd beschleunigen und deinen EP-Gewinn pro Jagd maximieren.

- **Schließe dich für härtere Jagden zusammen** : Im Mehrspielermodus kannst du schwierigere Monster und Quests bewältigen, die alleine viel länger dauern würden. Jedes Teammitglied bringt seine eigenen Fähigkeiten und Waffen mit, die dir helfen können, härtere Monster schneller und effizienter zu besiegen.

- **Teile und herrsche:** Wenn du mit einem Team jagst, kann sich jedes Mitglied auf eine bestimmte Rolle spezialisieren, z. B. Tanken, Schaden verursachen oder unterstützen. Klar definierte Rollen stellen sicher, dass jede Jagd so effizient wie möglich ist, was bedeutet, dass du mehr XP mit weniger Aufwand erhältst.

- **Spiele mit Freunden oder Koop-Partnern:** Der Mehrspielermodus mit Freunden oder Koop-Partnern ist die angenehmste und lohnendste Art, Erfahrungen zu sammeln. Die Zusammenarbeit mit Menschen, die Sie kennen, kann zu einer schnelleren und strategischeren Herangehensweise an die Jagd führen, die Ihnen hilft, schneller aufzusteigen.

7.4 EVENT-QUESTS UND ZEITLICH BEGRENZTE HERAUSFORDERUNGEN

Event-Quests und zeitlich begrenzte Herausforderungen in *Monster Hunter Wilds* bieten einige der lohnendsten und aufregendsten Möglichkeiten für Jäger, die schnell aufsteigen und exklusive Belohnungen erhalten möchten. Diese Quests sind in der Regel zeitkritisch und oft an Ereignisse oder Updates im Spiel gebunden und bringen einzigartige Monster, seltene Materialien und besondere Belohnungen mit sich, die deinen Fortschritt erheblich verbessern können. In diesem Abschnitt erfährst du, wie du das Beste aus diesen besonderen Quests und Herausforderungen herausholst, um sicherzustellen, dass du keine wertvolle Beute und Erfahrung verpasst.

1. Teilnahme an Event-Quests

Event-Quests sind spezielle Missionen, die in regelmäßigen Abständen in *Monster Hunter Wilds eingeführt werden*. Diese Quests bieten oft seltene Monster, besondere Umgebungsbedingungen oder zusätzliche Ziele, die in den regulären Story-Missionen nicht zu finden sind. Event-Quests sind eine großartige Möglichkeit, seltene Materialien zu erwerben, Ausrüstung zu verbessern und Bonus-Erfahrungspunkte zu sammeln.

- **Regelmäßig nach aktiven Events suchen:** Event-Quests sind oft an reale Ereignisse oder Updates im Spiel gebunden. Um immer einen Schritt voraus zu sein, solltet ihr am schwarzen Brett im Spiel oder in den Ankündigungen der Community nachsehen, um Informationen zu bevorstehenden oder aktiven Event-Quests zu erhalten.

- **Konzentriere dich auf Quest-Belohnungen:** Event-Quests bieten oft exklusive Materialien oder hochstufige Belohnungen, die nirgendwo anders zu finden sind. Stelle sicher, dass du diese Quests abschließt, um einzigartige Handwerksmaterialien, Waffen, Rüstungen oder sogar kosmetische Gegenstände zu erhalten.

- **Zeitlich begrenzte Event-Quests:** Diese Quests sind in der Regel nur für einen kurzen Zeitraum verfügbar, daher ist es wichtig, an ihnen teilzunehmen, sobald sie eingeführt werden. Wenn du eine Event-Quest verpasst, verpasst du wertvolle Belohnungen, also plane entsprechend, um deine Chancen auf den Abschluss dieser Missionen zu maximieren.

2. Maximierung der Event-Belohnungen

Event-Quests bieten oft zusätzliche Belohnungen zusätzlich zu dem, was normalerweise im Spiel verfügbar ist. Dazu gehören seltene Monster-Drops, Event-spezifische Währungen oder spezielle Ausrüstung, die dir bei zukünftigen Jagden einen Vorteil verschafft. Hier erfährst du, wie du die Vorteile der Teilnahme an Event-Quests maximieren kannst:

- **Event-Ziele abschließen:** Viele Event-Quests sind mit bestimmten Herausforderungen oder Zielen verbunden, die bei Abschluss zusätzliche Belohnungen gewähren. Zu diesen Zielen kann gehören, ein Monster innerhalb eines Zeitlimits zu besiegen, einen bestimmten Waffentyp zu verwenden oder mehrere Monster in einer einzigen Quest zu besiegen. Wenn du diese Ziele erfüllst, erhältst du Bonus-Erfahrungspunkte und Materialien.

- **Seltene Event-Materialien farmen:** Bestimmte Event-Quests ermöglichen es dir, Materialien oder Waffen zu farmen, die exklusiv für diese Quest verfügbar sind. Nutze diese Möglichkeiten, um dein Arsenal mit einzigartiger oder mächtiger Ausrüstung aufzurüsten, die bei zukünftigen Jagden hilfreich sein kann.

- **Spare Event-Währung für hochstufige Belohnungen:** Einige Events bieten spezielle Währung oder Token, die für exklusive Belohnungen wie limitierte Rüstungen oder seltene Gegenstände ausgegeben werden können. Bewahrt euch diese für hochstufige

Belohnungen auf, die während des regulären Spiels schwer zu bekommen sind.

3. Zeitlich begrenzte Herausforderungen und ihre Belohnungen

Zeitlich begrenzte Herausforderungen werden oft zusammen mit Event-Quests veröffentlicht und bieten noch mehr Möglichkeiten, Erfahrungspunkte und exklusive Gegenstände zu verdienen. Diese Herausforderungen können erfordern, dass du bestimmte Ziele erfüllst, z. B. eine bestimmte Anzahl von Monstern besiegen, bestimmte Gegenstände herstellen oder seltene Materialien innerhalb eines bestimmten Zeitrahmens sammeln. Hier erfahren Sie, wie Sie das Beste aus diesen zeitkritischen Herausforderungen herausholen können:

- **Herausforderungsziele priorisieren:** Zeitlich begrenzte Herausforderungen haben in der Regel bestimmte Ziele, die im Questprotokoll verfolgt werden können. Konzentriere dich darauf, diese Herausforderungen effizient abzuschließen, indem du Quests auswählst, die mit den Herausforderungszielen übereinstimmen. Auf diese Weise können Sie zusätzliche Belohnungen verdienen, ohne sich die Mühe machen zu müssen.

- **Nimm an globalen Herausforderungen teil:** Gelegentlich bietet das Spiel globale Herausforderungen, bei denen Spieler auf der ganzen Welt zusammenarbeiten, um bestimmte Meilensteine zu erreichen, wie z. B. das Besiegen einer bestimmten Anzahl von Monstern. Diese Herausforderungen bieten oft großzügige Belohnungen und können eine hervorragende Möglichkeit sein, exklusive Spielwährung oder mächtige Ausrüstung zu verdienen.

- **Optimiere deine Spielzeit für begrenzte Herausforderungen:** Zeitlich begrenzte Herausforderungen können überwältigend sein, wenn du versuchst, sie alle auf einmal zu bewältigen. Plane deine Sitzungen so, dass du möglichst viel Zeit für das Erreichen der lohnendsten Ziele aufwendest, um sicherzustellen, dass du das Beste aus deiner begrenzten Spielzeit machst.

4. Wie man den Überblick über Event- und Challenge-Zeitpläne behält

Um in vollem Umfang von Event-Quests und zeitlich begrenzten Herausforderungen profitieren zu können, müsst ihr den Veröffentlichungsplan des Spiels im Auge behalten. Wenn Sie im Auge behalten, wann diese Ereignisse stattfinden, können Sie Ihre Jagdsitzungen planen und Ihre Belohnungen maximieren.

- **Bleibt auf dem Laufenden über die Patchnotes:** Die Entwickler veröffentlichen regelmäßig Patchnotes und Ankündigungen, in denen sie über bevorstehende Events und Herausforderungen informieren. Behalte die Website oder die Social-Media-Kanäle des Spiels im Auge, um über die nächsten Schritte auf dem Laufenden zu bleiben.

- **Treten Sie Community-Gruppen bei:** Viele *Monster Hunter Wilds-Communitys*, darunter Foren, Discord-Kanäle und Social-Media-Gruppen, tauschen Informationen über bevorstehende Events und Herausforderungen aus. Wenn du diesen Communitys beitrittst, erhältst du Tipps zu den besten Strategien, um diese zeitlich begrenzten Quests anzugehen.

- **Erinnerungen für zeitlich begrenzte Events festlegen:** Da Event-Quests und Herausforderungen zeitkritisch sind, kann es leicht passieren, dass man sie vergisst, wenn man nicht aufpasst. Legen Sie Erinnerungen fest oder markieren Sie Ihren Kalender für bevorstehende Veranstaltungen, damit Sie keine Gelegenheit verpassen, daran teilzunehmen.

KAPITEL 8: WIRTSCHAFT, HANDWERK UND RESSOURCENMANAGEMENT

8.1 DIE BESTEN MÖGLICHKEITEN, UM SCHNELL ZENNY ZU VERDIENEN

In *Monster Hunter Wilds* ist Zenny (die Hauptwährung des Spiels) unerlässlich, um deine Ausrüstung zu verbessern, Gegenstände zu kaufen und verschiedene Dienste im Spiel freizuschalten. Das effiziente Verdienen von Zenny ist der Schlüssel zu schnellen Fortschritten im Spiel, vor allem, wenn du vorankommst und dich härteren Monstern stellst. In diesem Abschnitt werden wir einige der effektivsten Strategien untersuchen, um Zenny schnell und zuverlässig zu verdienen und sicherzustellen, dass Sie immer die Ressourcen haben, die Sie für Ihre nächste große Jagd benötigen.

1. Priorisieren Sie Jagden mit hohen Belohnungen

Der einfachste Weg, Zenny in *Monster Hunter Wilds zu verdienen* , ist das Abschließen von Jagden, aber nicht alle Jagden sind gleich, wenn es um Zenny-Belohnungen geht. Einige Monster lassen eine größere Menge an Zenny oder Materialien fallen, die für große Mengen Geld verkauft werden können. Um Ihre Zenny-Einnahmen zu maximieren, konzentrieren Sie sich auf die Jagd nach Monstern, die höhere Auszahlungen bieten.

- **Wähle die Zielmonster mit Bedacht:** Einige Monster, wie z. B. größere oder seltenere Arten, belohnen dich mit mehr Zenny, wenn du sie besiegst. Diese Jagden können länger dauern, aber die Belohnungen sind in der Regel die Mühe wert, vor allem, wenn du die Materialien verkaufst, die du aus ihren Kadavern erhältst.

- **Nimm Monster mit wertvollen Teilen ins Visier:** Konzentriere dich bei der Jagd darauf, seltene Materialien und Teile zu erhalten, die für einen höheren Wert verkauft werden können. Teile wie Schuppen, Klauen oder bestimmte Monster-Drops können oft für erhebliche Mengen an Zenny an Händler verkauft werden, umso mehr, wenn du mehrere Gegenstände auf einmal verkaufen musst.

2. Verkaufen Sie unerwünschte Materialien

Während du dich durch die Wildnis wagst, wirst du eine große Anzahl von Materialien ansammeln, von denen einige möglicherweise nicht sofort für die Herstellung oder den Fortschritt deiner Ausrüstung nützlich sind. Während einige dieser Materialien für bestimmte Gegenstände oder Upgrades benötigt werden, können andere für zusätzliches Geld verkauft werden. Achte darauf, dein Inventar ständig im Auge zu behalten und Gegenstände zu verkaufen, die du nicht brauchst, um deine Zenny-Reserven aufzubessern.

- **Handwerksmaterialien zum Verkauf: Bestimmte** gängige Materialien wie Kräuter oder Bergbauerze können in euren aktuellen Handwerksplänen möglicherweise nicht sofort verwendet werden. Diese können für eine angemessene Menge an Zenny an Händler verkauft werden und können Platz in deinem Inventar für wichtigere Gegenstände freimachen.

- **Verkaufe überschüssige Monsterteile:** Wenn du Monster besiegst, sammelst du eine Reihe von Materialien, die du für die Herstellung deiner Ausrüstung vielleicht nicht benötigst. Anstatt diese Gegenstände zu behalten, solltest du sie für schnelles Zenny verkaufen. Seien Sie jedoch vorsichtig, nichts zu verkaufen, was für Ihre Handwerksziele unerlässlich ist.

3. Nehmen Sie am Handel und an Börsen teil

Im Laufe des Spiels haben Sie Zugang zu Handelsmöglichkeiten. Diese Möglichkeiten ermöglichen es dir, überschüssige Gegenstände oder Ressourcen gegen eine beträchtliche Menge an Zenny einzutauschen, abhängig von der Seltenheit dessen, was du handelst. Diese Methode ist unglaublich effizient, wenn du bestimmte Monster gejagt hast, die wertvolle Gegenstände fallen lassen.

- **Nutze das Handelssystem:** Viele Händler im Spiel akzeptieren seltene Materialien oder Monsterteile im Tausch gegen Zenny. Manchmal bieten sie Ihnen mehr Zenny für bestimmte Artikel an, die zu diesem Zeitpunkt sehr gefragt sind, also schauen Sie regelmäßig bei den Anbietern vorbei, um zu sehen, ob sich ihre Angebote ändern.

- **Überprüfe den Markt regelmäßig:** In einigen Bereichen des Spiels gibt es dynamische Marktplätze, auf denen du deine Materialien zu einem besseren Preis verkaufen kannst. Wenn Sie einen Überschuss an seltenen Ressourcen haben, versuchen Sie, die beste Rendite zu erzielen, indem Sie Marktschwankungen und Handelsmöglichkeiten nutzen.

4. Konzentriere dich auf das Sammeln von Ressourcen während der Jagd

Eine sehr effektive Möglichkeit, Zenny während der Jagd zu sammeln, besteht darin, während deiner Reise aktiv Ressourcen zu sammeln. Diese Ressourcen können oft an Händler verkauft werden, oder sie können zur Herstellung von Gegenständen verwendet werden, die nach Fertigstellung für hohe Mengen an Zenny verkauft werden. Wenn du das Sammeln von Ressourcen zu einem Teil deiner regulären Jagdstrategie machst, kannst du passiv deine Zenny-Reserven aufbauen, während du dich auf die Action konzentrierst.

- **Sammeln beim Erkunden:** Vergiss bei der Jagd auf Monster nicht, Ressourcen aus der Umgebung zu ernten. Halte Ausschau nach Pflanzen, Pilzen, Erzen und anderen Materialien, die in der ganzen Welt verstreut sind. Diese Ressourcen können direkt an Händler verkauft oder in der Herstellung verwendet werden, um stark nachgefragte Verbrauchsgüter und Ausrüstungs-Upgrades herzustellen.

- **Seien Sie effizient mit Zeit und Bewegung:** Sammeln Sie während Ihrer Jagd Ressourcen, ohne zu viel Zeit von der Hauptmission abzuziehen. Versuchen Sie, wichtige Gegenstände zu sammeln, während Sie bestimmte Gebiete durchqueren, und machen Sie das Beste aus jeder Jagdsitzung, ohne dass sich Ihr Gesamttempo verlangsamt.

5. Schließe Kopfgelder und Spezialaufträge ab

Während deiner Reise erhältst du Kopfgelder und spezielle Aufträge, die dich mit Zenny und anderen wertvollen Materialien belohnen, wenn du bestimmte Aufgaben erledigst. Bei diesen Aufgaben musst du oft bestimmte Monster jagen oder bestimmte Ressourcen sammeln. Indem du diese Beutezüge aktiv suchst und abschließt, machst du nicht nur Fortschritte in deinen Quests, sondern verdienst auch eine beträchtliche Menge an Zenny.

- **Schließe alle Beutezüge ab:** Mach es dir zur Gewohnheit, die schwarzen Bretter im Spiel nach neuen Beutegeldern zu durchsuchen. Diese Aufgaben bieten in der Regel erhebliche Zenny-Belohnungen, und einige von ihnen können sogar seltene Materialien freischalten, die beim Verkauf viel mehr wert sind.

- **Schließe Spezialaufträge ab:** Spezialaufträge belohnen dich oft mit Zenny, wenn du anspruchsvollere Ziele erfüllst. Dazu gehören die Jagd auf größere oder mächtigere Monster, die Herstellung bestimmter Gegenstände oder die Teilnahme an zeitlich begrenzten Herausforderungen. Nehmen Sie diese Verträge an, um einen zusätzlichen Bonus für Ihren Zenny-Pool zu erhalten.

6. Nutzen Sie tägliche und wöchentliche Herausforderungen

Um die Spieler bei der Stange zu halten, bietet *Monster Hunter Wilds tägliche und wöchentliche Herausforderungen*, die dich mit Zenny, Gegenständen und Erfahrungspunkten für das Abschließen bestimmter Aufgaben belohnen. Diese Herausforderungen sollen die Spieler dazu ermutigen, regelmäßig zurückzukehren und kleinere, mundgerechte Ziele anzunehmen, die konsequentes Spielen belohnen.

- **Melden Sie sich für tägliche Belohnungen an:** Stellen Sie sicher, dass Sie sich täglich anmelden, um Ihre kostenlosen Belohnungen zu erhalten. Das Abschließen der täglichen Aufgaben oder Herausforderungen mag klein erscheinen, aber mit der Zeit summieren sich diese Belohnungen zu einer beträchtlichen Menge an Zenny, die dir zusätzliches Geld für deine Ausrüstungs-Upgrades zur Verfügung stellt.

- **Behalte den Überblick über die wöchentlichen Ziele:** Wöchentliche Herausforderungen beinhalten in der Regel umfangreichere Aufgaben, wie z. B. das Abschließen bestimmter Jagden oder das Sammeln bestimmter Gegenstände. Wenn du diese Ziele erreichst, erhältst du nicht nur Zenny, sondern kommst auch schneller durch das Fortschrittssystem des Spiels.

8.2 HANDEL, TAUSCH UND KAUF SELTENER GEGENSTÄNDE

In *Monster Hunter Wilds* ist die Fähigkeit, seltene Gegenstände zu handeln, zu tauschen und zu kaufen, entscheidend für den Fortschritt im Spiel. Während du jagst und die riesige Welt erkundest, stößt du auf viele Ressourcen, Gegenstände und seltene Materialien, die du gegen bedeutende Belohnungen eintauschen kannst. Egal, ob du deine Ausrüstung aufrüsten, mächtige Waffen erwerben oder dich mit nützlichen Gegenständen eindecken möchtest, wenn du weißt, wie du dich im Handels- und Tauschsystem des Spiels zurechtfindest, wird dein Gesamterlebnis verbessert.

In diesem Abschnitt erfährst du die besten Strategien für den Handel, den Tausch und den Kauf seltener Gegenstände, um sicherzustellen, dass du den größtmöglichen Wert aus deinen hart verdienten Ressourcen und Zenny herausholst.

1. Das Tauschsystem verstehen

Der Tauschhandel spielt in *Monster Hunter Wilds eine wichtige Rolle* und bietet den Spielern die Möglichkeit, Gegenstände zu tauschen, ohne Zenny zu verwenden. Dieses System kann sehr lohnend sein, vor allem, wenn du seltene Materialien, Handwerkskomponenten oder spezielle Ausrüstung benötigst. Zu wissen, wie Sie den Wert Ihrer Trades maximieren können, ist jedoch der Schlüssel, um das Beste aus diesem System herauszuholen.

- **Wie man Materialien gegen seltene Gegenstände eintauscht:**
  Oft ermöglicht dir das Spiel, deine Monsterteile oder seltenen Ressourcen gegen mächtige Gegenstände, spezielle Rüstungs-Upgrades oder seltene Handwerkskomponenten einzutauschen. Dieser Tausch kann eine effizientere Nutzung von Ressourcen sein, da einige Gegenstände weitaus wertvoller sein können als ihr Zenny-Äquivalent.

- **Tauschhandel mit Händlern und NPCs:** Überall auf der Welt bieten verschiedene NPCs und Händler Tauschmöglichkeiten an. Diese Händler bieten dir möglicherweise seltene und wertvolle Gegenstände wie seltene Erze, Tränke oder sogar einzigartige Rüstungen an, im Austausch für bestimmte Materialien, die du von besiegten Monstern sammeln kannst. Behalten Sie den Überblick über ihre Wünsche und versuchen Sie, sie für eine signifikante Rendite zu erfüllen.

- **So erhalten Sie die besten Angebote:** Um sicherzustellen, dass
  Sie das Beste aus dem Tauschhandel herausholen, achten Sie auf
  die schwankenden Anforderungen des Marktes. Einige Materialien
  sind zu verschiedenen Zeitpunkten im Spiel gefragter als andere,
  so dass Sie bei Ihrem richtigen Timing ein besseres Geschäft
  erzielen können. Vergleichen Sie auch immer die Angebote
  verschiedener Anbieter, da einige möglicherweise bessere Artikel
  oder niedrigere Handelskosten anbieten als andere.

2. Handel mit anderen Jägern

Neben den NPCs im Spiel *kannst du in Monster Hunter Wilds* auch direkt
mit anderen Spielern handeln, wodurch eine dynamische und
spielergesteuerte Wirtschaft entsteht. Der Handel mit anderen Jägern
eröffnet die Möglichkeit, Gegenstände zu erwerben, die du durch die
Standardjagd oder das Handwerk möglicherweise nicht erhalten kannst.

- **Was du anbieten und worauf du achten solltest:** Beim Handel
  mit anderen Spielern ist es wichtig, den Wert deiner eigenen
  Gegenstände zu verstehen. Einige Gegenstände, wie z.B.
  Monsterteile oder seltene Materialien, sind bei anderen Jägern
  sehr begehrt und können gegen etwas ebenso Wertvolles
  eingetauscht werden. Das Anbieten nützlicher Materialien für
  bestimmte Upgrades oder hochstufige Gegenstände kann eine
  großartige Möglichkeit sein, deine Ausrüstung schnell zu
  erweitern.

- **Verwendung von Online-Handelssystemen:** Im Laufe Ihres
  Fortschritts erhalten Sie Zugang zu Online-Handelssystemen, in
  denen Sie Ihre eigenen Artikel zum Handel anbieten können.
  Behalten Sie immer die aktiven Trades im Auge, um zu sehen, ob
  es Artikel gibt, die Sie zu vernünftigen Preisen benötigen. Dieses
  System kann Ihnen helfen, Ihr Inventar mit seltenen Gegenständen
  aufzubauen, die Sie möglicherweise nur schwer alleine finden
  können.

- **Aufbau von Beziehungen zu anderen Spielern:** Der Aufbau von
  Beziehungen zu anderen Jägern kann zu günstigeren Geschäften
  führen. Vertrauenswürdige Handelspartner können Ihnen in
  Zukunft bessere Angebote machen, insbesondere wenn Sie sich
  regelmäßig austauschen. Stellen Sie sicher, dass Sie sich

revanchieren, um eine für beide Seiten vorteilhafte Beziehung aufzubauen.

3. Kauf von seltenen Gegenständen von Händlern

Handel und Tauschhandel sind zwar unerlässlich, aber die Möglichkeit, seltene Gegenstände direkt von Händlern zu kaufen, ist nach wie vor eine der zuverlässigsten Methoden, um mächtige Ausrüstung und Upgrades zu erhalten. Viele der Händler des Spiels bieten spezielle Gegenstände an, die entweder in der Wildnis schwer zu finden sind oder teuer sein können, wenn es um die Zeit geht, die du investieren musst, um sie zu sammeln.

- **Wo du seltene Händler findest:** Überall in der Spielwelt triffst du auf verschiedene Händler, die sich auf den Verkauf seltener und exklusiver Gegenstände spezialisiert haben. Einige dieser Händler sind nur in bestimmten Regionen oder nach dem Erreichen bestimmter Meilensteine im Spiel zu finden, während andere für eine begrenzte Zeit während besonderer Ereignisse verfügbar sind.

- **So nutzen Sie Zenny effizient:** Beim Kauf seltener Gegenstände ist es wichtig, Ihre Zenny-Ausgaben zu planen. Priorisiere Käufe, die langfristige Vorteile bieten, wie z. B. Waffen oder Rüstungen, die erhebliche Werte-Boosts oder Spezialeffekte bieten. Spare deine Zenny für diese wichtigen Investitionen und vermeide es, sie für Verbrauchsmaterialien oder Gegenstände auszugeben, die du leicht anderswo bekommen kannst.

- **Zeitlich begrenzte Angebote und Rabatte:** Bestimmte Händler bieten seltene Gegenstände während besonderer Events oder zeitlich begrenzter Angebote an. Stellen Sie sicher, dass Sie sich regelmäßig bei den Händlern erkundigen, da Sie möglicherweise auf zeitlich begrenzte Angebote stoßen, die Ihr Jagdpotenzial erheblich verbessern können. Diese seltenen Gegenstände sind oft mit hohen Preisen verbunden, aber sie können im frühen oder mittleren Spiel einen großen Vorteil bieten.

4. Besondere Handelsmöglichkeiten bei zeitlich begrenzten Events

In *Monster Hunter Wilds* gibt es mehrere Events, Herausforderungen und zeitlich begrenzte Quests, die exklusive Handelsmöglichkeiten bieten. Diese besonderen Events belohnen die Spieler oft mit seltenen

Gegenständen oder Materialien, die im Standard-Gameplay nur schwer zu bekommen sind. Wenn Sie schnell mächtige Ausrüstung erwerben oder sich einen Vorteil bei der Jagd verschaffen möchten, sollten Sie diese zeitlich begrenzten Handelsmöglichkeiten nicht übersehen.

- **Event-Quests mit besonderen Belohnungen:** Die Teilnahme an Event-Quests ist eine der besten Möglichkeiten, exklusive Gegenstände zu erhalten. Diese Quests bieten oft seltene Monsterteile, spezielle Materialien oder einzigartige Waffen, die nicht durch reguläres Spielen erhalten werden können. Das Abschließen dieser Quests erfordert zwar mehr Aufwand, aber die Belohnungen sind oft die Investition wert.

- **Exklusiver Händlerhandel während Events:** Behaltet eventspezifische Händler im Auge, die seltene Gegenstände für einen zeitlich begrenzten Tausch anbieten. Diese Händler bieten möglicherweise Gegenstände an, die deine Kampfeffektivität drastisch verbessern oder dir ein einzigartiges visuelles Upgrade für deinen Charakter verleihen. Wenn du seltene Gegenstände in die Hände bekommen möchtest, ist die Teilnahme an diesen besonderen Events ein Muss.

- **Zeitlich begrenzte Gelegenheiten nutzen:** Einige der besten Angebote im Spiel gibt es während spezieller saisonaler Events oder zeitlich begrenzter Aktionen. Schaut während dieser Events vorbei, um die Chance zu haben, exklusive Ausrüstung zu kaufen oder seltene Materialien für die Herstellung zu erwerben. Diese zeitlich begrenzten Möglichkeiten sollten Sie sich nicht entgehen lassen, wenn Sie Ihrer Konkurrenz einen Schritt voraus sein wollen.

8.3 EFFIZIENTE LANDWIRTSCHAFT FÜR MATERIALIEN UND RESSOURCEN

In *Monster Hunter Wilds* ist der Erwerb der richtigen Materialien und Ressourcen entscheidend, um die Reise deines Jägers voranzutreiben. Von der Herstellung mächtiger Waffen bis hin zur Aufrüstung von Rüstungssets hängt dein Erfolg stark vom Sammeln der notwendigen Materialien ab. Der Prozess kann jedoch ohne eine solide Anbaustrategie zeitaufwändig und mühsam sein. In diesem Abschnitt werden wir die effizientesten Methoden zum Farmen von Materialien und Ressourcen im Spiel untersuchen, um sicherzustellen, dass du das Beste aus jeder Jagd und Erkundung herausholst.

1. Identifizierung von Schlüsselressourcenknoten und Farming-Standorten

Bestimmte Gebiete in *Monster Hunter Wilds* sind reich an bestimmten Materialien, was sie zu erstklassigen Farmplätzen macht. Wenn du weißt, wohin du gehen musst und welche Ressourcen in diesen Gebieten reichlich vorhanden sind, kannst du deine Farmzeit erheblich verkürzen und die benötigten Materialien effektiver sammeln.

- **Beste Ressourcenknoten für Schlüsselmaterialien:** Einige der wertvollsten Materialien, wie Erze, Monsterteile und Handwerksmaterialien, befinden sich in bestimmten Ressourcenknoten, die über die ganze Welt verstreut sind. Halte während deiner Jagd oder Erkundung Ausschau nach diesen Knotenpunkten, da sie oft hochwertige Gegenstände liefern, die anderswo nicht zu finden sind. Gebiete wie Höhlen, Klippen oder dichte Wälder neigen dazu, diese ressourcenreichen Zonen zu haben.

- **Die Respawn-Mechanik verstehen:** Ressourcenknoten und Materialien in *Monster Hunter Wilds* respawnen nach einer bestimmten Zeit, daher ist es wichtig, diese Orte zu verfolgen und deine Farmausflüge um sie herum zu planen. Sobald du ein ressourcenreiches Gebiet identifiziert hast, kannst du es regelmäßig besuchen, um mehr Material zu sammeln, ohne Zeit mit langen Jagden oder Suchen zu verschwenden.

- **Farmen von Monsterteilen:** Viele wichtige Materialien entstehen durch das Besiegen von Monstern, aber bestimmte Monster lassen bestimmte Teile fallen, die seltener oder schwieriger zu bekommen sind. Indem du wiederholt die gleichen Monster in Zielregionen jagst, kannst du deine Chancen maximieren, diese speziellen Materialien zu erhalten. Mach dich mit den Drop-Raten von Monstern und den Bereichen vertraut, in denen diese Kreaturen effizienter farmen können.

2. Optimale Anbaurouten für Materialien

Anstatt wahllos zu jagen oder zu erkunden, ist es weitaus effektiver, spezifische Farmrouten zu entwerfen, die die Materialien, die du auf einmal sammelst, maximieren. Diese Routen sollten Gebiete verbinden, in denen wertvolle Materialien im Überfluss vorhanden sind, und die Zeit minimieren, die benötigt wird, um alles zu sammeln, was Sie brauchen.

- **Effiziente Routen planen: Bevor Sie sich** auf eine landwirtschaftliche Tour begeben, sollten Sie Ihre Route planen, indem Sie Regionen mit reichlich Ressourcen identifizieren. Überlegen Sie, wie lange es dauern wird, zwischen den einzelnen Ressourcenknoten zu reisen, und ob die investierte Zeit eine gute Rendite in Bezug auf Materialien bringt. Effiziente Routen sollten sich nicht nur auf das Sammeln von Rohstoffen konzentrieren, sondern auch auf die Jagd nach bestimmten Monstern, die die seltensten Gegenstände fallen lassen.

- **Gebiete mit mehreren Ressourcen: Suchen** Sie nach Gebieten, die mehrere Arten von Ressourcen an einem einzigen Standort bieten. Regionen, in denen sowohl pflanzliches Sammeln als auch Monsterjagden möglich sind, ermöglichen es dir beispielsweise, deine Landwirtschaft zu diversifizieren und sicherzustellen, dass du auf einer einzigen Reise mehr Materialien sammelst. Indem du diese Gebiete ins Visier nimmst, wirst du deine Farming-Sessions viel produktiver machen.

- **Die Umwelt nutzen:** Achten Sie bei Ihren landwirtschaftlichen Läufen auf die Umwelt. Einige Materialien können nur zu bestimmten Tageszeiten oder Wetterbedingungen gesammelt werden. Wenn eine Region unter bestimmten Bedingungen (z. B. Regen oder Einbruch der Dunkelheit) eine höhere Chance hat, eine seltene Ressource zu liefern, passe deinen Landwirtschaftsplan an diese Möglichkeiten an.

3. Maximierung der Farmeffizienz mit Boosts und Verbrauchsmaterialien

Um den Landwirtschaftsprozess zu beschleunigen, kannst du bestimmte Boosts und Verbrauchsgegenstände im Spiel nutzen, die die Anzahl der gesammelten Materialien erhöhen oder die Effizienz deiner Landwirtschaftsbemühungen verbessern.

- **Verwendung von ressourcensteigernden Gegenständen:**
Einige Gegenstände, wie z. B. "Glückstickets" oder bestimmte
Tränke, können die Anzahl der Ressourcen erhöhen, die du von
einem einzelnen Knoten oder Monster sammelst. Diese
Verbrauchsgegenstände sollten mit Bedacht eingesetzt werden,
um das Beste aus jeder Jagd oder jedem Erkundungslauf
herauszuholen. Es ist oft eine gute Idee, ein paar dieser
Gegenstände während deiner Farmläufe mit dir zu führen.

- **Erhöhung der Drop-Raten:** Bestimmte Rüstungssets oder
Talismane in *Monster Hunter Wilds* wurden entwickelt, um die
Drop-Raten von Materialien zu verbessern oder die Chancen zu
erhöhen, seltenere Gegenstände von Monstern zu erhalten. Rüste
diese Gegenstände während der Farmläufe aus, um deine Chancen,
hochwertige Materialien zu sammeln, deutlich zu erhöhen.

- **Farmen mit Freunden für verbesserte Drops:** Wenn du im
Multiplayer-Modus spielst, kannst du dich mit anderen Jägern
zusammenschließen, um die Drop-Raten von seltenen Materialien
zu erhöhen. Koop-Farming kann besonders nützlich sein, um
hochstufige Monster zu jagen oder große Ressourcenknoten zu
farmen. Indem du deine Bemühungen koordinierst, kannst du
Materialien viel schneller sammeln, als du es alleine tun würdest.

4. Wiederverwendung und Recycling von Materialien

Bei der effizienten Landwirtschaft geht es nicht nur darum, die richtigen
Materialien zu sammeln, sondern auch darum, das Beste aus dem zu
machen, was du bereits gesammelt hast. Oft haben Sie einen Überschuss an
Materialien, von denen einige auf den ersten Blick nutzlos erscheinen.
Wenn Sie jedoch wissen, wie Sie diese Materialien wiederverwenden und
recyceln können, können Sie auf lange Sicht Zeit und Ressourcen sparen.

- **Wiederverwendung von Monsterteilen und -materialien:** Viele
Gegenstände, die du sammelst, wie z. B. Monsterteile, können für
die Herstellung oder Verbesserung anderer
Ausrüstungsgegenstände wiederverwendet werden. Zum Beispiel
können Monsterknochen, Klauen und Häute zur Herstellung von
Rüstungen und Waffen verwendet werden, daher ist es ratsam,
den Überblick über dein Inventar zu behalten und zu sehen, was
für zukünftige Upgrades wiederverwendet werden kann.

- **Recycling von Materialien zu nützlichen Gegenständen:** In *Monster Hunter Wilds* können einige Materialien, die du nicht sofort brauchst, zu anderen nützlichen Ressourcen recycelt werden. Zum Beispiel können Ersatzerz oder niedrigstufige Monsterteile gegen Handwerksmaterialien eingetauscht werden, die schwerer zu bekommen sind. Halten Sie Ausschau nach Möglichkeiten, überschüssige Materialien zu höherwertigen Komponenten zu recyceln.

- **Umgang mit Materialüberfluss:** Wenn du große Mengen an Grundmaterialien wie Kräutern, Erzen oder kleinen Monsterteilen anhäufst, solltest du in Erwägung ziehen, den Überschuss zu verkaufen, um Platz im Inventar zu schaffen und etwas zusätzliche Zenny zu verdienen. Auch wenn diese Materialien einzeln nicht wertvoll erscheinen, summieren sie sich im Laufe der Zeit und bieten eine beständige Einkommensquelle.

8.4 INVENTAR UND RESSOURCEN KLUG VERWALTEN

In *Monster Hunter Wilds* sind eine effiziente Inventarverwaltung und Ressourcenzuweisung genauso wichtig wie die Jagd auf Monster und das Herstellen von Ausrüstung. Das Spiel bietet eine große Auswahl an Materialien, Waffen, Rüstungen und Handwerksgegenständen, die alle schnell dein Inventar überwältigen können, wenn sie nicht sorgfältig verwaltet werden. In diesem Abschnitt untersuchen wir effektive Möglichkeiten, Ihre Ressourcen zu verwalten, Prioritäten zu setzen, was Sie sammeln, und sicherzustellen, dass Ihr Inventar immer für die nächste große Jagd bereit ist.

1. Organisieren Sie Ihr Inventar für maximale Effizienz

Die Organisation deines Inventars ist der Schlüssel, um Unordnung zu vermeiden und sicherzustellen, dass du die benötigten Materialien, Waffen und Verbrauchsmaterialien schnell finden kannst. Dies spart nicht nur Zeit bei der Jagd, sondern verhindert auch, dass Sie auf Ressourcenknappheit stoßen, wenn Sie es am wenigsten erwarten.

- **Materialien kategorisieren:** Die meisten Spieler finden es nützlich, ähnliche Materialien zu gruppieren. Bewahre zum Beispiel Erze, Kräuter und Monsterteile in getrennten Kategorien auf, damit du leicht erkennen kannst, was du im Überfluss hast und wovon du vielleicht mehr sammeln musst. Indem du Materialien logisch gruppierst, kannst du deine Herstellungs- und Aufwertungsprozesse optimieren.

- **Benutzerdefinierte Sortieroptionen verwenden:** Viele Spieler übersehen die im Spiel verfügbaren Optionen zum Sortieren des Inventars. Nutze die Möglichkeit, dein Inventar nach Typ, Seltenheit oder Wert zu sortieren. Dies hilft Ihnen, wichtige Materialien schnell zu identifizieren, während Sie die weniger nützlichen Gegenstände aus dem Weg räumen.

- **Halte das Nötigste leicht zugänglich:** Bestimmte Verbrauchsgegenstände wie Heilgegenstände, Buffs und Fallen sind für die meisten Jagden unerlässlich. Wenn du diese Gegenstände leicht zugänglich an der Vorderseite deines Inventars aufbewahrst, sparst du während des Kampfes Zeit und kannst auf die notwendigen Werkzeuge zugreifen, ohne in der Hitze des Gefechts in deinen Taschen herumwühlen zu müssen.

2. Priorisierung von Handwerksmaterialien und Upgrades

Wenn es um das Herstellen und Aufrüsten in *Monster Hunter Wilds* geht, ist es entscheidend, Prioritäten zu setzen, welche Materialien du sammelst und verbesserst, um den Überblick über deinen Fortschritt zu behalten. Mit begrenzten Ressourcen und Zeit müssen Sie sich auf die Punkte konzentrieren, die auf lange Sicht den größten Nutzen bringen.

- **Identifiziere wichtige Handwerksmaterialien:** Einige Materialien sind nützlicher als andere, wenn es um die Herstellung von hochstufigen Waffen und Rüstungen geht. Zum Beispiel spielen Monsterteile von mächtigen Bestien oft eine wichtige Rolle bei der Herstellung legendärer Ausrüstung. Priorisiere das Sammeln dieser speziellen Materialien und verwende sie für die bestmöglichen Upgrades, um sicherzustellen, dass dein Jäger immer gut ausgerüstet ist.

- **Crafting-Rezepte verfolgen:** In *Monster Hunter Wilds* können Crafting-Rezepte durch Erkundung, Quests oder durch das Freischalten neuer Gebiete erhalten werden. Wenn du den Überblick darüber behältst, was du herstellen kannst, kannst du dich auf das Sammeln der notwendigen Materialien konzentrieren.

Priorisiere das Freischalten von Rezepten, die deine Ausrüstung und Fähigkeiten erheblich verbessern und deinen Jäger für härtere Herausforderungen stärker machen.

- **Herstellen vs. Verkaufen:** Manchmal musst du dich entscheiden, ob du einen Gegenstand herstellst oder die Materialien für Zenny verkaufst. Wenn du dich entscheidest, ob du herstellen oder verkaufen möchtest, solltest du die Seltenheit des Materials und die verfügbaren Ausrüstungs-Upgrades bewerten. Wenn das Material in einer Vielzahl von High-Level-Upgrades verwendet wird, lohnt es sich wahrscheinlich, daran festzuhalten. Wenn du einen Überschuss an einem bestimmten Material mit begrenzter Verwendbarkeit hast, solltest du es verkaufen, um Platz zu schaffen und zusätzliche Währung zu verdienen.

3. Vermeidung von Überbeständen bei geringwertigen Artikeln

Es ist zwar verlockend, jedes Material und jeden Gegenstand, auf den du stößt, zu horten, aber nicht alle Ressourcen sind auf lange Sicht gleich wertvoll. Vermeide es, dein Inventar mit Gegenständen zu überladen, die leicht zu bekommen sind oder nur begrenzt für die Herstellung nützlich sind. Dies wird Ihnen helfen, Platz für wichtigere Ressourcen zu sparen.

- **Überschüssige Gegenstände verkaufen oder wegwerfen:** Wenn du überschüssige minderwertige Materialien wie gewöhnliche Kräuter, minderwertige Erze oder Monsterteile von leicht besiegbaren Kreaturen sammelst, ist es oft eine gute Idee, sie für Zenny zu verkaufen oder wegzuwerfen. Wenn du dein Inventar mit solchen Gegenständen bestreust, kannst du dich darauf konzentrieren, wertvollere Ressourcen für die Verbesserung deiner Ausrüstung zu sammeln.

- **Nutze den Lagerraum:** Einige Bereiche von *Monster Hunter Wilds* bieten Stauraum für zusätzliche Gegenstände, die du nicht wegwerfen möchtest, für die du aber keinen Platz in deinem aktiven Inventar hast. Die Lagerung von überschüssigen Materialien kann eine gute Möglichkeit sein, dein Inventar überschaubar zu halten und gleichzeitig sicherzustellen, dass du einen Backup-Vorrat an bestimmten Materialien für zukünftige Handwerksanforderungen hast.

- **Achten Sie auf die Stapelgrößen:** Einige Materialien und Gegenstände werden in Stapeln geliefert, und wenn Sie bereits einen vollen Stapel eines Materials haben, sollten Sie es sich vielleicht noch einmal überlegen, während einer Jagd mehr davon zu sammeln. Achten Sie auf Ihr aktuelles Inventar und vermeiden Sie es, mehr von einer Ressource zu sammeln, die Sie bereits vollständig vorrätig haben, es sei denn, es handelt sich um ein bestimmtes Upgrade oder Rezept.

4. Ressourcen bei der Jagd mit Bedacht einsetzen

Bei einem effizienten Ressourcenmanagement geht es nicht nur um das Inventar, sondern auch um den klugen Einsatz Ihrer Ressourcen während der Jagd. In der Hitze des Gefechts ist es leicht, Material für unnötige Buffs zu verschwenden oder Heilgegenstände zu oft zu verwenden. Wenn Sie besser darauf achten, wie und wann Sie Ihre Ressourcen einsetzen, sparen Sie mehr für zukünftige Jagden.

- **Plane deine Jagdausrüstung: Bevor du dich** auf die Jagd begibst, solltest du deine Ausrüstung und dein Inventar sorgfältig prüfen. Rüste nur die Gegenstände aus, die für die bevorstehende Herausforderung nützlich sind. Wenn du zum Beispiel ein Monster mit bestimmten elementaren Schwächen jagst, solltest du die richtige Elementarmunition oder Fallen dabei haben. Kluges Packen trägt dazu bei, die Notwendigkeit zu reduzieren, überschüssige Gegenstände zu transportieren.

- **Heilgegenstände aufbewahren:** Es ist leicht, Heilgegenstände oder Tränke während einer langen Jagd zu spammen, aber sie können schnell ausgehen und dich später im Kampf verwundbar machen. Versuchen Sie, Heilgegenstände zu schonen, indem Sie sie nur bei Bedarf verwenden und sorgfältig mit Ihrer Gesundheit umgehen. Nutzen Sie umweltbedingte Heilquellen, wenn verfügbar, wie z. B. Pflanzen oder Pilze, die auf dem Feld gefunden werden.

- **Fallen- und Bombenressourcen:** Bestimmte Fallen und Bomben sind entscheidend, um Monster zu fangen oder massiven Schaden zu verursachen. Sie können zwar sehr effektiv sein, sind aber auch in ihrer Anzahl begrenzt. Setze diese Ressourcen strategisch ein, insbesondere für größere oder schwierigere Monster, und stelle sicher, dass du sie zur Verfügung hast, wenn der Moment zählt.

KAPITEL 9: INHALTE NACH DEM SPIEL UND ENDGAME-STRATEGIEN

9.1 WAS IST NACH DEM ABSPANN ZU TUN?

Nachdem sie die Haupthandlung von *Monster Hunter Wilds abgeschlossen haben*, fragen sich viele Spieler, was als nächstes kommt. Während das Besiegen des Endbosses eine gewaltige Leistung ist, liegt die wahre Tiefe des Spiels in den Inhalten nach dem Spiel. In diesem Kapitel untersuchen wir die Aktivitäten, Herausforderungen und Strategien, die Sie nach dem Abspann erwarten. Hier *glänzt Monster Hunter Wilds* wirklich und bietet eine Fülle neuer Möglichkeiten für Fortschritt, Erkundung und Monsterjagd.

1. Neue Gebiete und Regionen erkunden

Nach Abschluss der Hauptgeschichte werden oft neue Regionen und Zonen zugänglich, die den Spielern eine Fülle aufregender Inhalte eröffnen, in die sie eintauchen können. Diese Gebiete bieten in der Regel anspruchsvollere Umgebungen, darunter härtere Monster, versteckte Ressourcen und Möglichkeiten für größere Belohnungen.

- **Schalte versteckte Zonen frei:** Im Laufe des Spiels werden bestimmte Bereiche, die zuvor von Geheimnissen umhüllt waren, für die Erkundung geöffnet. Diese versteckten Regionen können einzigartige Monstervarianten, seltene Handwerksmaterialien und legendäre Kreaturen enthalten, auf die du während der Hauptgeschichte keinen Zugriff hattest. Wenn du diese Zonen erkundest, kannst du neue Möglichkeiten für Upgrades und Herausforderungen entdecken.

- **Hochstufige Jagden in neuen Umgebungen:** In einigen Gebieten werden widerstandsfähigere Monster mit komplexem Verhalten und fortschrittlichen Angriffsmustern eingeführt. Diese Bestien erfordern oft, dass du deine Strategien anpasst und neue Fähigkeiten, Rüstungen und Waffen einsetzt, um erfolgreich zu sein. Die Jagd in diesen neuen Umgebungen ist ein echter Test für deine Fähigkeiten, und wenn du diese Jagden abschließt, kannst du hochstufige Beute und wertvolle Erfahrung sammeln.

- **Schalte Post-Game-Missionen frei:** Viele Spiele, darunter *Monster Hunter Wilds*, fügen Post-Game-Missionen hinzu, die die Geschichte und Herausforderung der Welt erweitern. Zu diesen Missionen gehören oft die Jagd auf Elite-Monster, das Abschließen spezieller Herausforderungen oder die Jagd auf seltene Belohnungen.

2. Nehmen Sie es mit fortgeschrittenen Monsterjagden auf

Nach dem Spiel werden die Monster immer schwieriger und erfordern neue Strategien und Fähigkeiten, um sie zu besiegen. Bei diesen fortgeschrittenen Jagden geht es oft um seltene oder mächtige Monster, die ein höheres Maß an Vorbereitung, Teamwork (im Multiplayer-Modus) und Ausdauer erfordern.

- **Härtere Monstervarianten:** Einige der herausforderndsten Monster des Spiels werden nach Abschluss der Hauptgeschichte eingeführt. Diese fortschrittlichen Varianten zeichnen sich durch verbesserte Fähigkeiten, veränderte Angriffsmuster und höhere Gesundheit aus und bieten selbst den erfahrensten Jägern eine harte Herausforderung. Die Auseinandersetzung mit diesen Monstern hilft dir nicht nur, deine Kampffähigkeiten zu verfeinern, sondern belohnt dich auch mit wertvollen Gegenständen und Handwerksmaterialien.

- **Legendäre und mythische Bestien:** Nach dem Spiel werden bestimmte legendäre Monster verfügbar. Diese Kreaturen gehören zu den am schwersten zu besiegenden im gesamten Spiel und erfordern oft spezielle Strategien und maximale Ausrüstung, um sie zu besiegen. Die Jagd auf sie wird deine Fähigkeiten und deine Geduld auf die Probe stellen, aber die Belohnungen wie seltene Waffen und mächtige Rüstungssets sind die Mühe wert.

- **Zeitlich begrenzte Herausforderungen und Events:** Einige Inhalte nach dem Spiel enthalten spezielle Event-Quests, die im Laufe der Zeit ein- und ausgewechselt werden. Diese zeitlich begrenzten Events können exklusive Monster oder besondere Herausforderungen bieten, die einzigartige Belohnungen bieten, die während des Hauptspiels nicht verfügbar sind. Die Teilnahme an diesen Quests trägt dazu bei, das Spiel frisch zu halten und neue Herausforderungen zu meistern.

3. Maximieren Sie die Macht Ihres Jägers

Nach dem Ende der Geschichte hast du die Möglichkeit, deinen Jäger durch eine Vielzahl von Fortschrittssystemen weiterzuentwickeln. Hier kannst du deinen Build wirklich perfektionieren, die stärkste Ausrüstung herstellen und deinen Charakter an seine Grenzen bringen.

- **Level-Cap und Skill-Verbesserungen:** Auch wenn die Geschichte abgeschlossen ist, hört die Möglichkeit zur Charakterentwicklung hier nicht auf. Nach dem Spiel kannst du die Fähigkeiten deines Jägers verbessern, mächtige neue Fähigkeiten erwerben und neue passive Verbesserungen freischalten. Dies vermittelt ein Gefühl des kontinuierlichen Fortschritts, auch nachdem die Hauptquest abgeschlossen wurde.

- **Verbessere deine Ausrüstung bis zum legendären Status:** Viele der besten Waffen und Rüstungssets des Spiels werden durch Herausforderungen nach dem Spiel oder Jagden freigeschaltet. Für diese Sets sind möglicherweise seltene Materialien erforderlich, die ihr erst erhalten könnt, nachdem ihr die Haupthandlung abgeschlossen habt. Wenn du deine Ausrüstung maximierst und legendäre Gegenstände herstellst, wirst du im Kampf noch beeindruckender und bist bereit für die härtesten Monster im Spiel.

- **Perfektioniere deinen Monsterjäger-Build:** Nach dem Spiel ist der perfekte Zeitpunkt, um den Build deines Jägers zu verfeinern und mit verschiedenen Waffenausstattungen, Rüstungssets und Handwerksmaterialien zu experimentieren. Mit mehr Ressourcen, die dir zur Verfügung stehen, hast du die Freiheit, dein Setup für bestimmte Jagden zu optimieren, egal ob du es bevorzugst, Treffer zu tanken, massiven Schaden zu verursachen oder dein Team zu unterstützen.

4. Nimm an Endgame-Bosskämpfen teil

In den Endgame-Bosskämpfen stellt *Monster Hunter Wilds* deinen Mut auf die Probe. Diese Bosse gehören zu den schwierigsten und lohnendsten Begegnungen im gesamten Spiel und erfordern die besten Strategien, Ausrüstung und Teamwork (wenn man im Mehrspielermodus spielt).

- **Die letzten Herausforderungsbosse:** Einige der ultimativen Herausforderungen des Spiels sind hinter den Inhalten nach dem Spiel verborgen, mit massiven Bestien oder mächtigen Feinden, die all deine Erfahrung und Fähigkeiten erfordern, um sie zu besiegen. Diese Endgame-Bosse verfügen in der Regel über einzigartige Mechaniken, eine fortschrittliche KI und verheerende Angriffe, was sie zu den spannendsten Kämpfen im Spiel macht.

- **Mehrstufige Kämpfe und Story-Erweiterungen:** Bestimmte Bosse nach dem Spiel sind vielleicht keine einfachen einmaligen Begegnungen. Einige haben mehrstufige Kämpfe oder mehrere Phasen, die deine Fähigkeit testen, dich anzupassen und für sich ändernde Kampfbedingungen zu planen. Diese vielschichtigen Herausforderungen treiben dein strategisches Denken und deine Kampfmechanik auf die Spitze.

- **Epische Belohnungen für epische Kämpfe:** Wenn du diese Endgame-Bosse besiegst, erhältst du oft einige der besten Beute im Spiel, darunter einzigartige Rüstungen, Waffen und Handwerksmaterialien, die nirgendwo anders zu finden sind. Wenn du diese Schlachten gewinnst, festigst du nicht nur deinen Status als Meisterjäger, sondern wirst auch mit den mächtigsten Gegenständen im Spiel belohnt.

9.2 ENDGAME-MONSTER UND VERSTECKTE BOSSE FREISCHALTEN

Sobald du die Hauptgeschichte in *Monster Hunter Wilds abgeschlossen hast*, eröffnet das Spiel mit der Einführung von Endgame-Monstern und versteckten Bossen eine ganz neue Herausforderung. Diese furchterregenden Kreaturen wurden entwickelt, um deine Jagdfähigkeiten und -strategien auf eine Weise auf die Probe zu stellen, wie es die Standardmonster nicht könnten. In diesem Abschnitt erfährst du, wie du diese schwer fassbaren und mächtigen Monster freischaltest, und erhältst Tipps, wie du sie besiegen kannst.

1. Verstehen, wie Endgame-Monster freigeschaltet werden

Viele der herausforderndsten Monster in *Monster Hunter Wilds* sind hinter bestimmten Bedingungen versteckt, die nach Abschluss der Hauptgeschichte erfüllt werden müssen. Diese Kreaturen verfügen oft über einzigartige Fähigkeiten, eine stärkere Verteidigung und seltene Beute, die sie zu einer lohnenden Herausforderung für erfahrene Jäger machen.

- **Fortschrittsbasierte Freischaltungen:** Nach Abschluss des Hauptspiels werden bestimmte Endgame-Monster basierend auf deinem Fortschritt verfügbar. Bei einigen musst du bestimmte Quests abgeschlossen haben, während andere erst erscheinen, wenn du ein bestimmtes Level erreicht oder eine bestimmte Questreihe freigeschaltet hast. Achte auf spezielle Benachrichtigungen oder NPCs, die auf ihren Standort hinweisen könnten.

- **Eventbasierte Freischaltungen:** Einige der mächtigsten Endgame-Monster sind an spezielle, zeitlich begrenzte Events gebunden, die nach dem Hauptspiel erscheinen. Diese Monster sind oft nicht immer verfügbar, sondern werden durch Updates oder saisonale Events im Spiel ein- und ausgewechselt. Behalte die Event-Termine im Auge und sei bereit, diese Kreaturen zu jagen, solange sie aktiv sind.

- **Seltene Monsterbegegnungen:** Es gibt auch Monster in *Monster Hunter Wilds* , die nur unter ganz bestimmten Umgebungsbedingungen erscheinen, z. B. bei bestimmten Wetterereignissen oder in bestimmten Zonen, die sich öffnen, nachdem du einen bestimmten Meilenstein im Spiel erreicht hast. Wenn du die offene Welt nach der Hauptquest erkundest, kannst du diese seltenen Monster entdecken, die oft exklusive Materialien fallen lassen.

2. Versteckte Bosse in der Wildnis finden

Versteckte Bosse sind ein weiterer Schwierigkeitsgrad, der auf engagierte Jäger im Nachspiel wartet. Diese Bosse tauchen oft an abgelegenen oder schwer zugänglichen Orten auf und erfordern scharfe Beobachtung und viel Geduld, um sie zu finden.

- **Geheime Orte:** Einige der versteckten Bosse sind mit geheimen Bereichen innerhalb der Spielwelt verbunden. Diese Bereiche können schwer zu lokalisieren sein, da sie oft das Lösen von Rätseln oder das Finden obskurer Wege erfordern. Erkunde nach dem Hauptspiel Bereiche, die du vielleicht übersehen hast, und halte Ausschau nach seltsamen Umgebungshinweisen oder versteckten Eingängen, die dich zu diesen versteckten Bossen führen könnten.

- **Spezielle Schlüsselgegenstände:** Bestimmte Endgame-Bosse sind hinter bestimmten Gegenständen wie Schlüsseln, seltenen Relikten oder besonderen Marken verschlossen, die du während deiner Erkundung sammeln musst. Diese Gegenstände kannst du finden, indem du bestimmte Monster besiegst, bestimmte Nebenquests abschließt oder versteckte Geheimnisse in der Spielwelt aufdeckst.

- **NPCs und Lore-Hinweise:** NPCs und In-Game-Überlieferungen enthalten oft Hinweise auf versteckte Bosse. Einige Charaktere geben kryptische Hinweise, oder bestimmte Bücher und Tagebucheinträge, die in der ganzen Welt gefunden werden, könnten die Aufenthaltsorte dieser schwer fassbaren Bestien enthüllen. Achte auf alles um dich herum und sprich mit NPCs, während du erkundest.

3. Strategien zum Besiegen von Endgame-Monstern

Endgame-Monster in *Monster Hunter Wilds* sind darauf ausgelegt, deine Kampffähigkeiten an ihre Grenzen zu bringen. Diese Kreaturen verfügen über eine hochstufige KI, fortschrittliche Angriffsmuster und massive Gesundheitspools, die selbst die erfahrensten Jäger herausfordern können. Die folgenden Strategien helfen dir, diese Monster zu besiegen und die unglaublichen Belohnungen zu verdienen, die sie fallen lassen.

- **Studiere ihre Angriffsmuster:** Endgame-Monster haben oft komplexe und unvorhersehbare Angriffsmuster. Bevor du dich in die Schlacht stürzt, solltest du dir Zeit nehmen, um ihr Verhalten aus sicherer Entfernung zu beobachten. Lernen Sie das Timing ihrer Angriffe kennen, identifizieren Sie Schwachstellen in ihren Mustern und planen Sie Ihre Strategie entsprechend.

- **Verwende spezialisierte Ausrüstung und Waffen:** Für jedes Endgame-Monster gibt es in der Regel eine Waffe oder ein Rüstungsset, das dir im Kampf einen Vorteil verschaffen kann. Diese Monster können bestimmte elementare Schwächen oder Resistenzen haben, also rüste dich mit Waffen aus, die ihre Schwachstellen ausnutzen. Achte darauf, deine Ausrüstung aufzurüsten und die am besten geeigneten Rüstungssets auszuwählen, die zu deinem Kampfstil passen.

- **Nutze die Umgebung:** Viele Endgame-Monster haben massive Hitboxen, was es schwierig macht, ihren Angriffen auszuweichen. Du kannst die Umgebung jedoch zu deinem Vorteil nutzen, indem du sie in Fallen, Umweltgefahren oder enge Räume führst, in denen ihre Bewegung eingeschränkt ist. Diese Strategie ist besonders effektiv, wenn du versteckte Bosse auf engstem Raum bekämpfst.

- **Multiplayer-Kooperation:** Einige der herausforderndsten Endgame-Monster erfordern Teamwork, um sie zu besiegen. Wenn du es mit einem besonders harten Boss zu tun hast, solltest du dich im Koop-Modus mit Freunden oder anderen Spielern zusammenschließen. Kommunikation und Koordination sind der Schlüssel, um diese intensiven Begegnungen zu überleben. Achte darauf, Rollen wie Tanken, Schadensausteilen und Unterstützung zuzuweisen, um eine ausgewogene Herangehensweise an den Kampf zu gewährleisten.

4. Seltene Belohnungen und freischaltbare Gegenstände

Beim Besiegen dieser Endgame-Monster und versteckten Bosse geht es nicht nur um die Herausforderung, sondern auch um die unglaublichen Belohnungen, die du verdienst. Diese Monster lassen einzigartige Materialien, seltene Waffen und exklusive Rüstungssets fallen, die die Stärke deines Charakters erheblich verbessern können.

- **Monsterspezifische Materialien:** Jedes Endgame-Monster verfügt über ein Set einzigartiger Materialien, mit denen du spezielle Waffen und Rüstungen herstellen kannst. Diese Materialien können benötigt werden, um deine vorhandene Ausrüstung aufzurüsten oder völlig neue Ausrüstung zu erstellen, die viel stärker ist als das, was du bisher hattest. Einige seltene Materialien können nur von bestimmten Bossen erhalten werden, daher lohnt es sich, sie zu jagen.

- **Spezialisierte Waffen- und Rüstungssets:** Die schwierigsten Endgame-Monster lassen einige der besten Beute des Spiels fallen, darunter legendäre Waffendesigns und High-End-Rüstungssets. Diese Sets sind nicht nur stärker als deine Standardausrüstung, sondern verfügen auch über einzigartige Attribute und Boni, die

die Leistung deines Jägers in bestimmten Situationen verbessern können.

- **Errungenschaften und Titelfreischaltungen:** Einige Spieler werden von dem Bedürfnis angetrieben, sich alle möglichen Errungenschaften und Titel zu verdienen. Das Besiegen von versteckten Bossen und das Freischalten von Endgame-Monstern belohnt dich oft mit seltenen Trophäen oder Titeln, die deine Errungenschaften zur Schau stellen. Diese kosmetischen Freischaltungen dienen nur zum Angeben, aber sie dienen als Ehrenabzeichen für das Abschließen einiger der schwierigsten Herausforderungen des Spiels.

9.3 ULTIMATIVE HERAUSFORDERUNGEN, RAIDS UND SELTENE AUSRÜSTUNG

Als *Veteran von Monster Hunter Wilds* erreichst du schließlich den Höhepunkt der Herausforderungen des Spiels: Ultimative Herausforderungen und Raids. Diese intensiven, mehrstufigen Jagden fordern nicht nur deine Fähigkeiten an deine Grenzen, sondern bieten auch einige der besten Belohnungen im Spiel. Seltene Ausrüstung, exklusive Materialien und andere prestigeträchtige Gegenstände warten auf Jäger, die mutig genug sind, sich diesen ultimativen Prüfungen zu stellen. In diesem Abschnitt erfährst du, was du über die Teilnahme an ultimativen Herausforderungen und Raids wissen musst und wie du dir die seltenste verfügbare Ausrüstung sichern kannst.

1. Was sind ultimative Herausforderungen und Raids?

Ultimative Herausforderungen und Raids gehören zu den schwierigsten und lohnendsten Inhalten, die *Monster Hunter Wilds* zu bieten hat. Dabei handelt es sich um lange, mehrstufige Quests, bei denen du dich oft mehreren Monstern in einer einzigen Quest stellen oder dich durch immer schwierigere Phasen kämpfen musst, um eine Reihe von Bossen zu besiegen.

- **Ultimative Herausforderungen:** Dies sind die härtesten Einzelbegegnungen, die strategische Vorbereitung, perfekte Ausführung und erstklassige Ausrüstung erfordern. Bei ultimativen Herausforderungen musst du dich in der Regel mächtigen Monstern stellen, die im Vergleich zu normalen Bossen mehr Gesundheit, aggressivere Angriffe und zusätzliche Tricks im Ärmel haben. Einige ultimative Herausforderungen können ausgelöst werden, nachdem du bestimmte Endgame-Monster besiegt oder eine Reihe von schweren Quests abgeschlossen hast.

- **Raids:** Raids sind kooperative, groß angelegte Events, bei denen du dich mit anderen Spielern zusammenschließt, um nacheinander eine Reihe mächtiger Monster zu besiegen. Raids können mehrere Wellen von Feinden umfassen, und du musst mit deinen Teamkollegen zusammenarbeiten, um Strategien zu entwickeln und jede Phase zu besiegen. Diese Herausforderungen können Stunden in Anspruch nehmen und erfordern ein hohes Maß an Koordination und Teamarbeit. Die Belohnungen aus Raids sind zwar schwierig, aber oft unvergleichlich und bieten seltene Handwerksmaterialien, exklusive Waffen und hochwertige Rüstungssets.

2. So bereitest du dich auf ultimative Herausforderungen und Raids vor

Um ultimative Herausforderungen und Raids erfolgreich abzuschließen, braucht es mehr als nur grundlegende Kampffähigkeiten, es erfordert eine gründliche Vorbereitung und die richtige Herangehensweise. So kannst du dich auf diese schwierigen Begegnungen vorbereiten:

- **Stelle die richtige Ausrüstung zusammen:** Rüste dich mit den besten Waffen und Rüstungen aus. Du solltest sicherstellen, dass deine Ausrüstung auf die höchstmögliche Stufe aufgerüstet wird. Konzentriere dich auf Ausrüstung, die Widerstand gegen die Arten von Schaden oder Elementarangriffen bietet, für die die Monster in diesen Herausforderungen bekannt sind. Achte genau auf die spezifischen Schwächen der beteiligten Monster und passe deine Ausrüstung entsprechend an.

- **Konzentriere dich auf Werte-Buffs und Debuffs:** Ultimative Herausforderungen und Raids erfordern oft, dass du Statuseffekte wie Gift, Lähmung und Erschöpfung in den Griff bekommst. Stelle sicher, dass du Ausrüstung und Gegenstände hast, die entweder deine Resistenzen erhöhen oder es dir ermöglichen, diese Debuffs während der Jagd zu heilen. Tränke, Gegengifte und Elementarresistenzgegenstände sind unerlässlich, um diese Prüfungen zu überleben.

- **Entwickle Strategien mit deinem Team:** Bei Raids ist Kommunikation der Schlüssel. Es geht nicht nur darum, Schaden zu verursachen, die Teamrollen sollten klar definiert sein. Weist Aufgaben wie Heilung, Schadensausteilung und Massenkontrolle zu, um sicherzustellen, dass das Team gut aufgestellt ist. Einen Jäger zu haben, der sich auf Unterstützung oder Statuszufügung spezialisiert hat, kann einen großen Unterschied machen. Wenn du eine Ultimate Challenge alleine meisterst, musst du eine Solo-Strategie entwickeln, die deine Effizienz im Kampf maximiert, egal ob du dich auf schnelle Ausweichmanöver konzentrierst oder Umgebungsfallen zu deinem Vorteil nutzt.

- **Kenne den Feind:** In ultimativen Herausforderungen und Raids gibt es oft Monster, die viel zäher sind als alles, was du bisher erlebt hast. Studiere ihre Angriffsmuster, Schwächen und Verhaltensweisen, bevor du in die Schlacht ziehst. Wenn du die Angriffszeiten, -phasen und -schwächen des Monsters verstehst, kannst du dir einen Vorteil verschaffen. Einige Monster haben sogar versteckte Angriffe oder Fähigkeiten, die auf den ersten Blick nicht offensichtlich sind, so dass ein wenig Forschung und Vorbereitung viel bewirken können.

3. Seltene Ausrüstung und exklusive Belohnungen

Das Abschließen von ultimativen Herausforderungen und Raids kann dich mit einigen der begehrtesten Gegenstände in *Monster Hunter Wilds* belohnen. Hier ist eine Aufschlüsselung der Belohnungen, die ihr erwarten könnt:

- **Legendäre Waffen und Rüstungen:** Ultimative Herausforderungen und Raids lassen hochwertige Ausrüstung fallen, die nirgendwo anders erhältlich ist. Dazu gehören legendäre Waffen mit hohen Angriffswerten und Spezialfähigkeiten sowie exklusive Rüstungssets, die einzigartige Buffs oder Resistenzen gewähren. Diese Gegenstände haben oft eine einzigartige Ästhetik, die sie von der Standardausrüstung abhebt und sie zu einem Prestigemerkmal für jeden Jäger macht.

- **Seltene Materialien für die Herstellung:** Neben Waffen und Rüstungen sind oft die seltensten Handwerksmaterialien hinter diesen fortgeschrittenen Jagden versteckt. Diese Materialien können verwendet werden, um vorhandene Ausrüstung aufzurüsten, benutzerdefinierte Rüstungssets zu erstellen oder spezielle Munition oder Fallen herzustellen. Diese Gegenstände sind sehr wertvoll und können nur durch den Abschluss der schwierigsten Begegnungen erhalten werden.

- **Exklusive kosmetische Gegenstände und Titel:** Für die wirklich engagierten Jäger bieten ultimative Herausforderungen und Schlachtzüge kosmetische Belohnungen wie spezielle Jäger-Outfits, Waffen-Skins und Titel, die deine Errungenschaften zur Schau stellen. Diese kosmetischen Gegenstände sind oft sehr begehrt und ermöglichen es dir, dein Aussehen auf eine Weise anzupassen, die anderen Spielern signalisiert, wie gut du im Spiel bist.

- **Einzigartige Haustiere und Gefährten:** Durch das Abschließen von Schlachtzügen und einigen ultimativen Herausforderungen erhältst du außerdem Zugang zu exklusiven Gefährten oder Haustieren, die dir im Kampf helfen. Diese Gefährten haben oft einzigartige Fähigkeiten und Eigenschaften, was sie zu nützlichen Verbündeten für zukünftige Jagden macht. Einige Haustiere sind mächtiger als andere, wobei bestimmte während des Kampfes Buffs oder Heilung bieten.

4. Tipps zur Maximierung des Erfolgs in ultimativen Herausforderungen und Raids

Die Teilnahme an diesen Jagden mit hohem Einsatz erfordert Geschicklichkeit, Koordination und ein bisschen Glück. Um sicherzustellen, dass Sie die Nase vorn haben, finden Sie hier ein paar zusätzliche Tipps, die Sie beachten sollten:

- **Verwende Buffing-Items:** Während ultimativer Herausforderungen und Raids können die Monster, denen du gegenüberstehst, massiven Schaden anrichten. Achte darauf, dass du Gegenstände mitbringst, die deine Werte verbessern, wie z. B. Angriffsverstärker, Verteidigungsverstärker oder Gegenstände, die deine Ausdauer und Gesundheitsregeneration erhöhen. Diese Buffs können dir den Vorteil verschaffen, den du in harten Kämpfen brauchst.

- **Bleiben Sie mobil und wachsam:** Vor allem Razzien sind schnelllebig und erfordern ständige Bewegung. Bleiben Sie auf

Trab und seien Sie bereit, jederzeit auszuweichen oder sich neu zu positionieren. Dein Überleben hängt von deiner Fähigkeit ab, schnell zu reagieren, besonders wenn mehrere Monster beteiligt sind.

- **Don't Rush:** Bei Ultimate Challenges und Raids geht es nicht um Geschwindigkeit, sondern um Strategie und Ausdauer. Wenn du dich durch die Quest hetzt, kann das zu Fehlern oder unnötigen Toden führen. Nimm dir Zeit, stimme dich mit deinen Teamkameraden ab und stelle sicher, dass du vollständig vorbereitet bist, bevor du in den Kampf ziehst. Wenn du geduldig die Gesundheit deiner Bosse verringerst, deine Angriffe sorgfältig abstimmst und unnötige Risiken vermeidest, hast du höhere Erfolgschancen.

- **Unterschätze nicht die Endgame-Monster:** Auch wenn du das Basisspiel abgeschlossen hast, solltest du dir darüber im Klaren sein, dass die Monster in den ultimativen Herausforderungen und Raids einen ganz neuen Schwierigkeitsgrad haben. Unterschätzen Sie niemals ihre Macht. Rechnen Sie mit dem Unerwarteten und bringen Sie alle Ressourcen, Elemente und Backups mit, die Sie benötigen.

9.4 TIPPS ZUR WIEDERSPIELBARKEIT: WIE MAN DIE JAGD AM LEBEN ERHÄLT

Sobald du das Endgame von *Monster Hunter Wilds erreicht hast*, fragst du dich vielleicht: Wie hältst du die Jagd am Leben? Nachdem du große Quests abgeschlossen und seltene Ausrüstung freigeschaltet hast, muss der Reiz des Spiels nicht verblassen. Der Wiederspielwert in *Monster Hunter Wilds* ist reichhaltig und bietet unzählige Möglichkeiten, deine Strategien zu überdenken und zu verfeinern. Egal, ob du auf der Jagd nach selteneren Materialien bist, mit neuen Spielstilen experimentierst oder dich auf unterschiedliche Weise herausforderst, in diesem Abschnitt findest du Tipps, um deine Abenteuer frisch und spannend zu gestalten.

1. Probiere neue Waffen-Builds und Spielstile aus

Einer der unterhaltsamsten Aspekte von *Monster Hunter Wilds* ist die Vielfalt der Waffen, von denen jede einen einzigartigen Spielstil bietet. Nachdem du eine Waffe gemeistert hast, solltest du in Erwägung ziehen, dich zu verzweigen und verschiedene Builds auszuprobieren. Jede Waffe hat ihre eigenen Kombos, Fähigkeiten und Strategien, die deine Herangehensweise an den Kampf dramatisch verändern können.

- **Experimentiere mit verschiedenen Waffen:** Wenn du bereits ein Großschwert oder eine Bogenpistole benutzt hast, um dich durch das Spiel zu jagen, probiere etwas Neues wie eine Ladeklinge oder eine Insektenglefe aus. Jeder Waffentyp bietet einen anderen Rhythmus und ein anderes Kampferlebnis, so dass du die Monster aus einer neuen Perspektive sehen kannst.

- **Konzentriere dich auf Spielstil-Variationen:** Wenn du zum Beispiel an einen defensiven Spielstil gewöhnt bist, wechsle zu einem aggressiven Schadensverursacher-Build oder einer Support-Rolle. Diese Verschiebungen können dem Spiel ein völlig neues Gefühl verleihen, so dass sich jede Jagd wie eine neue Herausforderung anfühlt.

- **Verfeinere deine Fähigkeiten:** Wenn du mehr Erfahrung mit einer Waffe sammelst, kannst du deine Fähigkeiten verfeinern. Übe weiter, bis du deine Waffenfertigkeiten und Kombos perfektioniert hast, und meistere die Feinheiten des Kampfes für jeden Waffentyp.

2. Fordere dich selbst mit neuen Schwierigkeitsstufen heraus

Sobald du das Hauptspiel erobert hast, bietet *dir Monster Hunter Wilds* die Möglichkeit, deine Grenzen durch härtere Schwierigkeitsstufen zu testen. Diese verbesserten Versionen von Quests erhöhen die Herausforderung und fordern dein taktisches Denken, deine Jagdtechniken und dein Können auf die Spitze.

- **Quests mit höherem Schwierigkeitsgrad:** Nach Abschluss des Hauptspiels kehrst du zu wichtigen Story-Missionen und Nebenquests mit höheren Schwierigkeitsgraden zurück. Die Monster werden zäher, widerstandsfähiger und ihre Angriffe sogar tödlicher. Das sorgt nicht nur für aufregende Jagden, sondern belohnt dich auch mit selteneren Materialien und größerer Anerkennung.

- **Solo-Jagden:** Wenn du in erster Linie mit einem Team gegen Monster gekämpft hast, solltest du dich selbst herausfordern, alleine zu gehen. Dies erhöht nicht nur den Schwierigkeitsgrad, sondern verfeinert auch deine individuellen Kampffähigkeiten und zwingt dich, dich ohne die Hilfe von Teamkameraden spontan anzupassen.

- **Jagden unter besonderen Bedingungen:** Einige Quests können zusätzliche Herausforderungen wie Einschränkungen bei der Ausrüstung oder Buffs für die Monster bieten. Diese Quests bieten einzigartige Belohnungen und halten dich auf Trab, so dass du gezwungen bist, deine Herangehensweise an die Jagd anzupassen.

3. Nimm an saisonalen Events und zeitlich begrenzten Herausforderungen teil

Monster Hunter Wilds bietet oft saisonale Events, zeitlich begrenzte Herausforderungen und Kollaborationen mit anderen Franchises. Diese Events führen neue Monster, seltene Belohnungen und einzigartige Aufgaben ein, die die Spannung der Jagd neu entfachen können.

- **Zeitlich begrenzte Monster:** Behalte zeitlich begrenzte Jagden mit saisonalen oder exklusiven Monstern im Auge. Bei diesen Events gibt es in der Regel schwieriger zu findende Monster mit einzigartigen Mechaniken oder besonderen Belohnungen, die nirgendwo anders erhältlich sind.

- **Spezielle kollaborative Inhalte:** Gelegentlich arbeitet das Spiel mit anderen Franchises zusammen, um spezielle Inhalte wie thematische Monster oder Ausrüstung einzuführen. Wenn du dich mit diesen zeitlich begrenzten Quests beschäftigst, kannst du neue Erfahrungen und Spaß in dein Spiel bringen.

- **Neue kosmetische Gegenstände und Titel:** Events enthalten in der Regel exklusive kosmetische Gegenstände, Titel und Ausrüstung, mit denen du das Aussehen deines Jägers auf neue Weise anpassen kannst. Diese besonderen Belohnungen tragen dazu bei, das Spiel frisch zu halten und motivieren dich, an diesen zeitkritischen Herausforderungen teilzunehmen.

4. Setzen Sie sich persönliche Ziele und Erfolge

Wenn du deine Motivation hoch halten willst, kann das Setzen persönlicher Ziele eine fantastische Möglichkeit sein, die Lebensdauer des

Spiels zu verlängern. Anstatt sich auf offizielle Inhaltsupdates oder Quests zu verlassen, kannst du deine eigenen Herausforderungen in den Spielsystemen erstellen.

- **Meistere jedes Monster:** Versuche, jedes Monster im Spiel zu jagen und zu meistern, einschließlich aller seltenen und schwierigen. Versuchen Sie, die Jagd ohne spezielle Werkzeuge wie Fallen oder Tränke abzuschließen, um die Herausforderung noch schwieriger zu machen.

- **100 % Abschluss:** Bemühe dich, alle Nebenquests abzuschließen, jedes Sammlerstück zu sammeln und jedes Ausrüstungsteil herzustellen. Diese persönliche Herausforderung kann dich Hunderte von Stunden lang fesseln, während du jedem noch so kleinen Gegenstand oder Erfolg nachjagst.

- **Speedrun-Herausforderungen:** Wenn du deine Fähigkeiten im Laufe des Spiels verfeinert hast, setze dir Ziele, um bestimmte Quests oder Jagden in Rekordzeit abzuschließen. Das Rennen gegen die Zeit sorgt für ein völlig neues Maß an Spannung und stellt deine Kampfeffizienz und dein Wissen um die Schwächen jedes Monsters auf die Probe.

5. Engagieren Sie sich in der Community und teilen Sie Ihre Fortschritte

Einer der unterhaltsamsten Aspekte von *Monster Hunter Wilds* ist die leidenschaftliche Community von Jägern. Der Austausch mit anderen Spielern, sei es über Online-Foren oder soziale Medien, kann deinem Spielerlebnis neues Leben einhauchen.

- **Teile deine Jagden und Builds:** Präsentiere deine Waffenausrüstungen, Rüstungssets und Jagdstrategien mit anderen Spielern. Vielleicht schnappst du dir neue Ideen für Spielstile oder entdeckst neue Builds, die du noch nicht in Betracht gezogen hast.

- **Nehmen Sie an Online-Wettbewerben teil:** Nehmen Sie an Online-Jagdveranstaltungen oder Bestenlisten teil, um sich mit anderen um die schnellsten und effizientesten Jagden zu messen. Egal, ob es sich um eine Solo-Herausforderung oder einen teambasierten Wettbewerb handelt, der Wettbewerb mit anderen fügt dem Spiel ein kompetitives Element hinzu und kann Ihre

Leidenschaft für die Jagd neu entfachen.

- **Nimm an Community-Herausforderungen teil:** Viele Gaming-Communitys veranstalten Herausforderungen wie "No Damage"-Runs, einzigartige Jagden nur mit Waffen oder Community-Ziele, die Spieler zusammenbringen, um auf ein gemeinsames Ziel hinzuarbeiten. Diese Events können sowohl Spaß machen als auch lohnend sein, wenn du mit anderen Spielern interagierst und an etwas Größerem teilnimmst, als nur an deinem eigenen Fortschritt.

KAPITEL 10: ERFOLGE UND TROPHÄEN-GUIDE

10.1 VOLLSTÄNDIGE TROPHÄEN- UND ERFOLGSLISTE

Monster Hunter Wilds ist ein Spiel voller lohnender Erfahrungen, und das Erreichen der begehrten Trophäen und Erfolge ist einer der befriedigendsten Aspekte des Spiels. Während du die weite Wildnis jagst, erkundest und erobst, wirst du mit Erfolgen belohnt, die dein Können und deine Hingabe widerspiegeln. Dieser Abschnitt bietet eine vollständige Liste aller verfügbaren Trophäen und Erfolge, kategorisiert sie nach Schwierigkeitsgrad und bietet Ihnen einen klaren Fahrplan, um sie alle zu sammeln.

Hinweis: Jede Trophäe hat ihre eigenen Bedingungen, die du erfüllen musst, um sie freizuschalten. Einige sind relativ einfach zu bekommen, während andere Beharrlichkeit, Strategie und beträchtliches Fachwissen erfordern. Als Jäger musst du verschiedene Herausforderungen meistern, um die gesamte Liste zu vervollständigen, aber mit der richtigen Anleitung ist es durchaus möglich, sie alle freizuschalten.

1. Bronzene Trophäen: Das Fundament der Jagd

Die Bronze-Trophäen sind ein Beweis für deine frühen Fortschritte und dein Lernen in *Monster Hunter Wilds*. Dies sind die einfachsten Erfolge, die in der Regel freigeschaltet werden, wenn du dich mit den Mechaniken, Charakteren und Umgebungen des Spiels vertraut machst.

- **Anfänger-Jäger:** Schließe deine erste Jagd ab.
- **Erstschlag:** Lande erfolgreich einen Treffer auf einem Monster.
- **Meister der Grundlagen:** Schließe eine grundlegende Tutorial-Quest ab.
- **Einfallsreicher Sammler:** Sammle 100 verschiedene Materialien.
- **Weapon Prodigy:** Stelle deine erste Waffe her.

Diese werden zwar oft während deines ersten Spiels verdient, dienen aber als Grundlage für deine zukünftigen Erfolge. Wenn du sie frühzeitig freischaltest, verschafft dir das ein Gefühl des Fortschritts und ermutigt dich, dich in anspruchsvollere Inhalte zu stürzen.

2. Silberne Trophäen: Die Jagd voranbringen

Silberne Trophäen werden für schwierigere Leistungen vergeben, bei denen du die Spielmechaniken beherrschen, eine Strategie sorgfältig entwickeln und deine Fähigkeiten als Jäger weiterentwickeln musst. Das Verdienen dieser Trophäen signalisiert ein tieferes Verständnis von *Monster Hunter Wilds*.

- **Monster Slayer:** Besiege 50 einzigartige Monster.
- **Waffenmeister:** Verbessere eine Waffe vollständig auf ihre maximale Stufe.
- **True Explorer:** Entdecke jedes wichtige Gebiet im Spiel.
- **Perfekte Vorbereitung:** Schließe eine Quest nur mit hergestellten Materialien ab (keine gekauften Gegenstände).
- **Teamwork Victory:** Schließe eine Koop-Quest mit vier Spielern ab.

Diese Trophäen sind so konzipiert, dass sie dich über die Grundlagen hinaus bringen und dich dazu ermutigen, dich in schwierigere Inhalte zu wagen, taktische Entscheidungen zu treffen und jeden Winkel des Spiels zu erkunden. Sie zeigen Ihr wachsendes Fachwissen und Ihr Engagement für die Jagd.

3. Gold-Trophäen: Elite-Jäger-Status

Goldtrophäen sind der Höhepunkt der Erfolge in *Monster Hunter Wilds*. Diese zu verdienen ist ein wahres Zeichen von Meisterschaft, das eine tiefgreifende Strategie, präzise Kampffähigkeiten und immense Hingabe erfordert. Goldtrophäen werden oft freigeschaltet, nachdem du wichtige Meilensteine erreicht oder die schwierigsten Monster besiegt hast.

- **Endgame Conqueror:** Schließe den härtesten Schwierigkeitsgrad des Spiels ab.
- **Legendärer Jäger:** Besiege alle hochrangigen Monster und schließe alle wichtigen Quests ab.
- **Makelloser Sieg:** Besiege ein Monster, ohne in einem einzigen Kampf Schaden zu nehmen.
- **Ressourcenhorter:** Sammle über 10.000 Materialien auf allen Jagden.

- **Meister der Handwerkskunst:** Erschaffe jeden einzelnen Gegenstand, jede Waffe und jedes Rüstungsteil im Spiel.

Das Verdienen von Goldtrophäen erfordert stundenlange, engagierte Jagd und strategische Planung. Diese Belohnungen sind für diejenigen, die wirklich in *Monster Hunter Wilds* investiert haben, ihre Fähigkeiten ständig testen und die Grenzen des Möglichen erweitern.

4. Platin-Trophäe: Die ultimative Errungenschaft

Die Platin-Trophäe ist die Krönung für jeden echten *Monster Hunter Wilds-Spieler*. Diese wird erst freigeschaltet, wenn du alle anderen Trophäen im Spiel verdient hast. Es bedeutet den Abschluss aller Herausforderungen, Quests und Errungenschaften, die das Spiel zu bieten hat. Dies ist die Trophäe, die deine Reise vom Anfänger zum legendären Jäger symbolisiert.

- **Wilds Master:** Schalte alle Trophäen frei und schließe jede Herausforderung im Spiel ab.

Um die Platin-Trophäe zu erhalten, musst du dich der Beherrschung jedes Aspekts des Spiels widmen. Vom Verständnis der tiefgründigsten Mechaniken des Kampfes bis hin zum Abschließen jeder Quest, Monsterjagd und Nebenmission ist die Platin-Trophäe dem ultimativen Vollendungskünstler vorbehalten.

Tipps zum effizienten Verdienen von Trophäen

Das Erreichen jeder Trophäe in *Monster Hunter Wilds* ist zwar eine bedeutende Leistung, kann aber auch eine langwierige Reise sein. Hier sind ein paar Tipps, um Ihre Jagd nach Trophäen effizienter und angenehmer zu gestalten:

1. Planen Sie Ihren Fortschritt

- **Beginne mit Bronze-Trophäen:** Wenn du grundlegende Quests abschließt und dich mit der Mechanik vertraut machst, kommen die Bronze-Trophäen ganz natürlich. Konzentrieren Sie sich zuerst auf diese, um Ihr Selbstvertrauen aufzubauen.
- **Weiter geht's zu den Silbertrophäen:** Sobald du die Grundlagen des Spiels verstanden hast, solltest du dich auf die Silbertrophäen konzentrieren. Diese Erfolge erfordern mehr Zeit, sind aber immer noch überschaubar und belohnen stetigen Fortschritt.

- **Nimm Goldtrophäen in Angriff, nachdem du die Mechanik gemeistert hast:** Goldtrophäen erfordern erheblichen Aufwand. Konzentriere dich auf ein hochstufiges Gameplay und nimm an herausfordernden Jagden teil, um diese prestigeträchtigen Auszeichnungen freizuschalten.

2. Nutze die Koop-Jagd zu deinem Vorteil

Koop-Jagden können eine große Hilfe sein, vor allem für härtere Monster und bestimmte Trophäen. Sie machen nicht nur die Jagd überschaubarer, sondern helfen auch dabei, Trophäen im Koop-Modus freizuschalten. Außerdem fügt das Spielen mit Freunden dem Prozess eine weitere Ebene des Spaßes hinzu.

3. Vergiss nicht die Nebenquests

Viele Nebenquests und Event-Quests belohnen dich mit besonderen Trophäen. Diese können manchmal übersehen werden, aber sie sind eine hervorragende Möglichkeit, Erfolge zu erzielen und gleichzeitig Ihr Jagderlebnis zu diversifizieren.

4. Maximieren Sie das Sammeln und Herstellen von Ressourcen

Viele der Trophäen, die mit dem Herstellen und Sammeln von Materialien zu tun haben, können durch stetiges Ressourcenfarmen erreicht werden. Auch wenn dies wie eine Plackerei erscheinen mag, ist es eine hervorragende Möglichkeit, deine allgemeinen Fähigkeiten zu verbessern und gleichzeitig Silber- und Goldtrophäen zu verdienen.

10.2 DIE SCHWIERIGSTEN ERFOLGE UND WIE MAN SIE FREISCHALTET

Einige der schwierigsten Erfolge in *Monster Hunter Wilds* erfordern Präzision, Zeit und eine immense Menge an Strategie. Diese Herausforderungen werden deine Fähigkeiten und dein Durchhaltevermögen auf die Probe stellen und dich dazu bringen, der beste Jäger zu sein, der du sein kannst. In diesem Abschnitt werden wir die schwierigsten Trophäen aufschlüsseln und Schritt für Schritt Ratschläge geben, wie Sie sie freischalten können.

1. Makelloser Sieg: Besiege ein Monster, ohne Schaden zu nehmen

Beschreibung: Dieser Erfolg gehört zu den schwierigsten im Spiel. Um es freizuschalten, musst du ein Monster im Kampf besiegen, ohne Schaden zu nehmen, egal wie geschickt du bist. Das bedeutet, jedem einzelnen Angriff auszuweichen und perfekt in deinem Timing und deiner Positionierung zu sein.

Wie man freischaltet:

- **Wähle das richtige Monster:** Dieser Erfolg ist einfacher, wenn du dich auf niedrigstufige Monster mit vorhersehbareren Angriffen konzentrierst. Beginne mit einem Monster, mit dem du dich wohl fühlst und das du gut kennst.
- **Meisterhaftes Ausweichen und Parieren:** Der Schlüssel zum Erfolg ist fehlerfreies Ausweichen und Parieren. Üben Sie diese Techniken, bis Sie sie fehlerfrei ausführen können. Stelle sicher, dass du die richtige Rüstung und die richtigen Fähigkeiten ausgerüstet hast, um deine Beweglichkeit zu steigern.
- **Nutze Umweltgefahren:** Einige Monster können durch Umweltgefahren betäubt oder niedergeschlagen werden. Erfahre, wo sich diese in den einzelnen Bereichen befinden, um den Kampf zu erleichtern. Dies gibt dir die Chance, dich zu heilen oder neu zu positionieren, ohne Schaden zu nehmen.
- **Geduld ist der Schlüssel:** Für diesen Erfolg sind möglicherweise mehrere Versuche erforderlich. Nimm dir Zeit, lerne die Angriffsmuster des Monsters und passe deine Strategie nach Bedarf an. Beeile dich nicht, wenn du auch nur einmal getroffen wirst, wird der Erfolg scheitern.

2. Legendärer Jäger: Besiege alle hochrangigen Monster und schließe alle wichtigen Quests ab

Beschreibung: Um diesen Erfolg freizuschalten, musst du alle hochrangigen Monster in *Monster Hunter Wilds besiegen* und alle wichtigen Quests abschließen. Hochrangige Monster gehören zu den härtesten Gegnern, und du musst an der Spitze deines Spiels stehen, um sie zu besiegen.

Wie man freischaltet:

- **Erreichen Sie einen hohen Rang:** Stellen Sie sicher, dass Sie alle Jagden der niedrigeren Stufen abgeschlossen haben und in Ihrer Geschichte ausreichend fortgeschritten sind. Hochrangige Monster werden freigeschaltet, nachdem du die Hauptgeschichte durchlaufen hast.

- **Konzentriere dich auf Ausrüstungs-Upgrades:** Bevor du es mit hochrangigen Monstern aufnimmst, solltest du sicherstellen, dass deine Ausrüstung in Bestform ist. Verbessere deine Waffen und Rüstungen, stelle die höchste Stufe an Heil- und Boost-Gegenständen her und sorge dafür, dass du gut vorbereitet bist.
- **Meistere die Kampfmechanik:** Hochrangige Monster haben einen höheren Schwierigkeitsgrad und ihre Angriffsmuster sind komplexer. Stelle sicher, dass du deine Waffe vollständig beherrschst und verstehst, wie du effektiv ausweichst, blockst und konterst.
- **Seien Sie strategisch bei der Koop-Jagd:** Für die härtesten Monster ist das Spielen in einem Koop-Team oft die beste Strategie. Wenn du mit anderen zusammenarbeitest, kannst du mehr Boden abdecken, und du wirst in der Lage sein, die Angriffe des Monsters zu staffeln, um die Jagd überschaubarer zu machen.

3. Meister des Handwerks: Erschaffe jede Waffe und jedes Rüstungsteil im Spiel

Beschreibung: Dieser Erfolg fordert deine Handwerksfähigkeiten heraus, indem du jede einzelne Waffe, jedes Rüstungsset und jedes verfügbare Zubehör herstellen musst. Der Prozess kann langwierig sein, aber die Belohnung ist erheblich, da du das volle Potenzial des Handwerks in *Monster Hunter Wilds freischaltest.*

Wie man freischaltet:

- **Schließe große Jagden nach Materialien ab:** Handwerksmaterialien können selten sein, besonders für hochwertige Rüstungen und Waffen. Konzentriere dich auf die Jagd auf bestimmte Monster, die wertvolle Handwerkskomponenten fallen lassen. Einige der selteneren Materialien stammen von hochrangigen oder besonderen Event-Monstern.
- **Investiere Zeit in die Ressourcenlandwirtschaft:** Das Sammeln von Materialien erfordert das Farmen bestimmter Gebiete oder das Wiederholen bestimmter Quests. Suchen Sie nach Gebieten mit reichlich vorhandenen Ressourcen und behalten Sie den Überblick über die Ressourcen, die Sie benötigen, um Ihr komplettes Set zu vervollständigen.

- **Verbessere deine Ausrüstung regelmäßig:** Stelle sicher, dass deine Rüstungen und Waffen im Laufe des Spiels verbessert werden. Die Herstellung jedes einzelnen Gegenstands ist zwar ein langwieriger Prozess, aber er wird sich schließlich auszahlen, wenn du die Materialien sammelst, die für fortgeschrittenere Teile benötigt werden.

4. Monster Slayer: Besiege 500 einzigartige Monster

Beschreibung: Bei dieser Leistung handelt es sich nicht um einen Sprint, sondern um einen Marathon. Das Besiegen von 500 einzigartigen Monstern erfordert viel Zeit und Mühe, aber jeder Sieg bringt dich einen Schritt näher an diese begehrte Errungenschaft.

Wie man freischaltet:

- **Lege eine Farmroutine fest:** Konzentriere dich zunächst auf die Monster der frühen und mittleren Stufe, die häufig im Spiel auftauchen. Diese Monster bieten die besten Möglichkeiten für schnelle Jagden und helfen dir, Kills zu erzielen, ohne zu viel Zeit zu verbringen.
- **Nimm an Event-Jagden teil:** Bei Event-Jagden und Spezialquests gibt es oft seltene Monster. Diese Jagden helfen dir nicht nur, deine Erfahrung als Monstertötung zu diversifizieren, sondern geben dir auch die Möglichkeit, zusätzliche Belohnungen zu verdienen und schneller auf diese Errungenschaft hinzuarbeiten.
- **Spielen Sie Koop-Jagden:** Bei Koop-Jagden sind Monster oft leichter zu besiegen, vor allem mit einem gut eingespielten Team. Nutze diese Gelegenheiten, um mehr Monster in kürzerer Zeit zu besiegen, und behalte den Überblick über alle einzigartigen Monster, die du besiegt hast.

5. Endgame Conqueror: Schließe den härtesten Schwierigkeitsgrad des Spiels ab

Beschreibung: Für die Trophäe "Endgame-Eroberer" musst du das Spiel auf dem härtesten Schwierigkeitsgrad abschließen. Monster sind aggressiver, Umweltgefahren sind tödlicher und jeder Fehler, den du machst, kann dich die gesamte Jagd kosten. Nur die erfahrensten und am besten vorbereiteten Jäger können dies erreichen.

Wie man freischaltet:

- **Verbessere deine Ausrüstung vollständig:** Der härteste Schwierigkeitsgrad erfordert die bestmögliche Ausrüstung. Stelle sicher, dass du die Waffen, Rüstungen und Heilgegenstände der höchsten Stufe hast, bevor du dich auf diese Jagd begibst. Der Zugang zu erstklassiger Ausrüstung wird für das Überleben unerlässlich sein.
- **Kenne deine Monster:** Im härtesten Schwierigkeitsgrad schlagen die Monster härter zu und haben fortgeschrittenere Angriffsmuster. Verbringe Zeit damit, die Mechaniken und Schwächen jedes hochstufigen Monsters zu lernen, um ihre Züge zu antizipieren und unnötigen Schaden zu vermeiden.
- **Bilde eine Koop-Gruppe:** Selbst mit der besten Ausrüstung ist es unwahrscheinlich, dass du den härtesten Schwierigkeitsgrad ohne ein starkes Team schaffst. Bilde eine Koop-Gruppe mit zuverlässigen Teamkollegen, die deinen Spielstil ergänzen und sich in harten Kämpfen gegenseitig unterstützen.
- **Schließe zuerst alle Nebenquests ab:** Bevor du dich in den härtesten Schwierigkeitsgrad stürzt, solltest du sicherstellen, dass du alle Nebenquests abgeschlossen und zusätzliche Belohnungen, Materialien und Upgrades verdient hast. Das verschafft dir einen Vorteil bei deinen letzten Endgame-Jagden.

Tipps zum Freischalten der schwierigsten Erfolge:

- **Konsistenz ist der Schlüssel:** Viele der schwierigsten Erfolge, wie das Besiegen von 500 einzigartigen Monstern, erfordern Grinden. Bleiben Sie konsequent bei Ihrer Jagd und hetzen Sie nicht durch das Spiel. Geduld führt letztendlich zum Erfolg.
- **Konzentrieren Sie sich auf einen Erfolg nach dem anderen:** Der Versuch, mehrere schwierige Trophäen auf einmal freizuschalten, kann zu Burnout führen. Konzentrieren Sie sich auf eine herausfordernde Leistung nach der anderen, um Frustration zu vermeiden und Ihre Bemühungen zu maximieren.
- **Verwende die richtige Ausrüstung:** Unterschätze nicht, wie wichtig es ist, die besten Waffen und Rüstungen zu haben. Priorisiere das Aufrüsten deiner Ausrüstung, um dem Schwierigkeitsgrad der Herausforderungen gerecht zu werden, die du meisterst.
- **Spiele mit Freunden:** Im Koop-Modus kannst du einige der schwierigsten Erfolge erleichtern. Schließe dich mit Freunden zusammen oder nutze die Spielersuche, um starke Jagdgruppen für besonders schwierige Monster zu bilden.

10.3 BESTE STRATEGIEN FÜR 100% FERTIGSTELLUNG

Das Erreichen von 100 % Abschluss in *Monster Hunter Wilds* ist eine monumentale Aufgabe, die mehr erfordert, als nur Monster zu besiegen. Du musst dich auf jeden Aspekt des Spiels konzentrieren, von der Beherrschung der Kampfmechanik über das Abschließen von Nebenquests bis hin zum Herstellen und Sammeln aller Gegenstände. Hier stellen wir Ihnen die besten Strategien vor, die Ihnen helfen, die begehrte 100%ige Fertigstellung zu erreichen und ein echter Monster Hunter-Experte zu werden.

1. Priorisiere wichtige Quests und Monsterjagden

Beschreibung: Monster Hunter Wilds hat eine große Anzahl von Quests und Jagden, die du bewältigen kannst, aber nicht alle sind notwendig, um sie abzuschließen. Um 100 % zu erreichen, müsst ihr jede Story-Quest und Nebenquest abschließen und alle verfügbaren Monster jagen, einschließlich Monster mit besonderen Ereignissen.

So entsperren Sie die 100%ige Fertigstellung:

- **Konzentriere dich auf Haupt- und Nebenquests:** Das Abschließen der Hauptquests der Geschichte ist unerlässlich, um neue Gebiete und Jagdmöglichkeiten freizuschalten. Nebenquests bieten jedoch wertvolle Belohnungen und helfen oft, seltene Materialien und Spezialfähigkeiten freizuschalten. Priorisiere diese, während du im Spiel voranschreitest, und stelle sicher, dass du keine überspringst.
- **Jage alle Monster:** Jedes Monster im Spiel hat einzigartige Attribute, Materialien und Belohnungen. Behalte den Überblick über diejenigen, die du gejagt hast, und stelle sicher, dass du sie alle besiegt hast. Spezielle Event-Monster und seltene Jagden sind besonders lohnend und bieten Materialien, die du für die Herstellung und Verbesserung deiner Ausrüstung benötigst.
- **Beende zeitlich begrenzte Events:** Einige der schwer fassbaren Erfolge können mit zeitlich begrenzten Events verbunden sein. Halte regelmäßig Ausschau nach besonderen Jagden, Herausforderungen und Kooperationen, die exklusive Monster oder Ausrüstung belohnen, und stelle sicher, dass du keine verpasst.

2. Maximiere Ausrüstung und Crafting

Beschreibung: Einer der wichtigsten Aspekte von 100% Abschluss ist die Herstellung und Verbesserung deiner Waffen, Rüstungen und Accessoires. Das Spiel verfügt über ein tiefgründiges Crafting-System, das von Monstern fallengelassene Materialien, gesammelte Ressourcen und besondere Belohnungen erfordert.

So entsperren Sie die 100%ige Fertigstellung:

- **Stelle alle Waffen und Rüstungssets her:** Versuche, alle Waffentypen, Rüstungssets und Accessoires zu sammeln und herzustellen. Dazu gehört, Materialien von einer Vielzahl von Monstern zu sammeln und sicherzustellen, dass du effizient nach seltenen Materialien farmst.
- **Rüste alles auf:** Stelle nicht nur neue Ausrüstung her, sondern stelle sicher, dass du deine Waffen und Rüstungen vollständig verbesserst. Dies erfordert oft bestimmte Monster-Drops, daher ist es wichtig, zu verfolgen, was du brauchst, und deine Ausrüstung regelmäßig zu verbessern, um auf härtere Kämpfe vorbereitet zu sein.
- **Handwerksrezepte lernen:** Erkunde alle verfügbaren Handwerksrezepte. Einige werden durch das Abschließen bestimmter Quests freigeschaltet, während andere seltene Materialien von hochrangigen Monstern oder Erkundungen erfordern. Meistere das Handwerk, um mächtige Tränke, Bomben und andere nützliche Gegenstände herzustellen.

3. Meistere Kämpfe und Mechaniken

Beschreibung: Kämpfe sind der Kern von *Monster Hunter Wilds*. Um eine 100%ige Fertigstellung zu erreichen, musst du alle Aspekte des Kampfes beherrschen, von einfachen Angriffen bis hin zu fortgeschrittenen Strategien für den Umgang mit den herausforderndsten Monstern im Spiel.

So entsperren Sie die 100%ige Fertigstellung:

- **Meistere jede Waffe: Während** es wichtig ist, dich auf deine bevorzugte Waffe zu konzentrieren, solltest du alle Waffentypen beherrschen, um eine echte Vollendung zu erreichen. Jede Waffe bietet einen einzigartigen Spielstil, und wenn du ihre Stärken und

Schwächen verstehst, kannst du es effizienter mit verschiedenen Monstern aufnehmen.

- **Optimiere Kampfstrategien:** Lerne, alle Kampfmechaniken effektiv zu nutzen: Ausweichen, Parieren und Gegenangriffe. Zusätzlich zur Beherrschung des grundlegenden Kampfes musst du diese fortgeschrittenen Techniken beherrschen, um schwierige Monster zu besiegen, ohne unnötigen Schaden zu erleiden.
- **Nehmen Sie es mit allen Schwierigkeitsgraden auf:** Sobald Sie das Spiel geschafft haben, fordern Sie sich mit höheren Schwierigkeitsgraden heraus. Das Abschließen aller Quests, Monster und Herausforderungen im härtesten Schwierigkeitsgrad trägt dazu bei, dein Ziel von 100 % zu erreichen.

4. Erkunde jeden Winkel und sammle alle Ressourcen

Beschreibung: Die Erkundung ist entscheidend für deine 100%ige Vollendung. Versteckte Bereiche, seltene Materialien und Sammlerstücke sind über die ganze Welt verstreut. Du musst jede Zone gründlich erkunden, um diese Geheimnisse zu finden.

So entsperren Sie die 100%ige Fertigstellung:

- **Erkunde jede Karte gründlich:** Jede Umgebung in *Monster Hunter Wilds* hat versteckte Bereiche, Geheimgänge und sammelbare Materialien. Verbringe Zeit damit, jeden Winkel der Karte zu erkunden und mit Umgebungsmerkmalen zu interagieren, um versteckte Ressourcen aufzudecken.
- **Seltene Sammlerstücke aufspüren:** Sammle alle seltenen Gegenstände, Materialien und Ressourcen im Spiel. Einige Materialien scheinen schwer zu finden, aber beharrliches Erforschen und Sammeln stellt sicher, dass du alles hast, was du zum Herstellen und Aufrüsten brauchst.
- **Maximieren Sie die Landwirtschaft:** Das Farmen bestimmter Zonen für Ressourcen wie Kräuter, Erze und Monsterteile ist unerlässlich. Nutze Umweltgefahren, Fallen und das dynamische Wetter des Spiels zu deinem Vorteil, wenn du schwer zu findende Materialien farmst.

5. Schließe das Tagebuch des Jägers vollständig ab

Beschreibung: Eine der zeitaufwändigsten Aufgaben, um eine 100%ige Fertigstellung zu erreichen, ist das vollständige Ausfüllen des

Jägertagebuchs. Dieses Tagebuch zeichnet alle Monster auf, denen du begegnet bist, die Ausrüstung, die du hergestellt hast, und die Aktivitäten, die du abgeschlossen hast. Um 100 % zu erhalten, müssen Sie sicherstellen, dass jeder Eintrag ausgefüllt ist.

So entsperren Sie die 100%ige Fertigstellung:

- **Verfolgen Sie Monsterbegegnungen:** Stellen Sie sicher, dass Sie jedes einzigartige Monster im Spiel gejagt haben. Dazu gehören Monster der Hauptstory, Monster aus Nebenquests, seltene Monster und Monster mit besonderen Ereignissen. Behalte den Überblick über dein Tagebuch und markiere jedes Monster, das du besiegst.
- **Schließe alle Ausrüstungseinträge ab:** Während du deine Waffen und Rüstungen herstellst und verbesserst, solltest du jeden Gegenstand im Tagebuch registrieren. Jeder neue Gegenstand schaltet neue Einträge frei und hilft dir, der Fertigstellung näher zu kommen.
- **Schließe alle Aktivitäten und Erfolge ab:** Dein Tagebuch des Jägers zeichnet auch Erfolge, Nebenquests und Fortschritte auf. Das Abschließen aller Aktivitäten und das Freischalten aller Trophäen und Erfolge füllt dein Tagebuch und bringt dich der begehrten 100%-Vollendung näher.

6. Setze auf Koop und Multiplayer

Beschreibung: Das Abschließen der Multiplayer-Inhalte des Spiels ist für den vollständigen Abschluss unerlässlich. Koop-Jagden, Multiplayer-Quests und teambasierte Herausforderungen tragen alle zu deinem Fortschritt bei.

So entsperren Sie die 100%ige Fertigstellung:

- **Nehmen Sie an Multiplayer-Jagden teil:** Nehmen Sie an einer Vielzahl von Multiplayer-Jagden mit Freunden oder zufälligen Spielern teil, um einzigartige Belohnungen und Trophäen zu verdienen. Diese Koop-Jagden sind erforderlich, um einige der seltenen Monster, Quests und besonderen Gegenstände freizuschalten.
- **Koordiniere dich mit Freunden für Event-Quests:** Viele der Event-Quests des Spiels können nur im Mehrspielermodus abgeschlossen werden. Achte darauf, regelmäßig an Events mit

Freunden oder Online-Communities teilzunehmen, um deine Belohnungen zu maximieren und alle verfügbaren Inhalte zu vervollständigen.

7. Zeitlich begrenzte Inhalte und besondere Ereignisse

Beschreibung: Bestimmte Inhalte in *Monster Hunter Wilds* sind nur für eine begrenzte Zeit verfügbar, darunter spezielle Event-Quests und saisonale Jagden. Um jeden Aspekt des Spiels freizuschalten, musst du an diesen Events teilnehmen, bevor sie verschwinden.

So entsperren Sie die 100%ige Fertigstellung:

- **Halte Ausschau nach zeitlich begrenzten Events:** Behalte den Spielkalender im Auge, um besondere Events und Kollaborationen zu erhalten. Diese Events bieten oft exklusive Monster, seltene Gegenstände oder zeitlich begrenzte Herausforderungen, die für den vollständigen Abschluss unerlässlich sind.
- **Schließe saisonale Jagden ab:** Viele saisonale Events bieten exklusive Monster und thematische Herausforderungen. Stellt sicher, dass ihr an diesen Events teilnehmt, um besondere Ausrüstung und Erfolge zu sammeln, bevor sie verschwinden.

8. Erreiche alle Trophäen und Erfolge

Beschreibung: Einer der letzten Schritte zum Erreichen einer 100%igen Fertigstellung ist das Freischalten aller Trophäen und Errungenschaften im Spiel. Dies erfordert eine Kombination aus Geschicklichkeit, Zeit und Ausdauer, da einige Trophäen an schwierige Aufgaben oder Erfolge gebunden sind.

So entsperren Sie die 100%ige Fertigstellung:

- **Schließe schwer zu erreichende Erfolge ab:** Konzentriere dich auf die schwierigsten Erfolge, wie z. B. das Besiegen bestimmter Monster, das Erreichen bestimmter Meilensteine oder das Abschließen von Herausforderungen. Nutzen Sie die im vorherigen Kapitel beschriebenen Strategien, um diese Trophäen freizuschalten.
- **Verwenden Sie Strategieleitfäden:** Wenn Sie mit einer besonders schwierigen Trophäe oder einem besonders schwierigen Erfolg zu kämpfen haben, finden Sie in Online-

Ressourcen oder Strategieleitfäden Tipps und Tricks, um den Prozess zu erleichtern.

10.4 SPEEDRUN-TIPPS FÜR TROPHÄENJÄGER

Für diejenigen, die *Monster Hunter Wilds* in Rekordzeit abschließen und gleichzeitig Trophäen freischalten möchten, kann Speedrunning eine aufregende und herausfordernde Möglichkeit sein, beide Ziele zu erreichen. Speedrunning stellt nicht nur deine Effizienz im Spiel auf die Probe, sondern ermöglicht es dir auch, die Spielmechanik in einem neuen Licht zu erleben. In diesem Abschnitt erfährst du die wichtigsten Tipps zum Meistern von Speedruns und erhältst die besten Strategien, um schnell Trophäen zu verdienen.

1. Planen Sie Ihre Route und konzentrieren Sie sich auf die wichtigsten Ziele

Beschreibung: Beim Speedrunning dreht sich alles um Effizienz, und um eine schnelle Fertigstellungszeit zu erreichen, musst du deine Route strategisch planen. Konzentrieren Sie sich darauf, nur die wichtigsten Ziele zu erreichen, die zum Fortschritt beitragen, und vermeiden Sie gleichzeitig Ablenkungen, die wertvolle Zeit verschwenden können.

Speedrun-Tipps:

- **Priorisiere Hauptquests:** Überspringe unnötige Nebeninhalte in deinem ersten Durchlauf. Das Hauptziel ist es, die Hauptgeschichte zu meistern und wichtige Ausrüstung freizuschalten, also halte dich an die kritischen Quests.
- **Unnötige Kämpfe überspringen:** Kämpfe nur dann mit Monstern, wenn es für den Fortschritt absolut notwendig ist. Vermeide zeitraubende Kämpfe, es sei denn, sie belohnen dich mit wichtigen Gegenständen oder Erfahrungspunkten.
- **Effizientes Farmen:** Auch wenn du die meisten Farmen überspringen möchtest, gibt es bestimmte Punkte im Spiel, an denen das Sammeln seltener Materialien oder das Herstellen von Schlüsselgegenständen deine gesamte Reise beschleunigen kann. Plane die zeiteffizientesten Farmpunkte ein.

2. Beherrsche das Kampfsystem für Geschwindigkeit und Effizienz

Beschreibung: Der Kampf in *Monster Hunter Wilds* ist komplex, aber Speedrunning erfordert in jedem Kampf Effizienz. Du musst Kampftechniken anwenden, die die Zeit minimieren und trotzdem den Sieg erringen.

Speedrun-Tipps:

- **Waffenwahl:** Wähle Waffen, die schnelle Angriffe und schnelle Monster-Takedowns ermöglichen. Waffen wie das Schwert & Schild oder die Doppelklingen werden aufgrund ihrer Geschwindigkeit und Manövrierfähigkeit oft für Speedruns bevorzugt.
- **Kenne die Schwächen von Monstern:** Gehe effizient auf Schwachstellen ein und nutze die Schwächen von Monstern aus. Du musst verstehen, welche Monster gegenüber bestimmten Elementen schwach sind, um sie schneller zu erledigen.
- **Setze Power-Ups mit Bedacht ein:** Maximiere den Einsatz von Buffs und Heilgegenständen, besonders in Kämpfen gegen härtere Monster. Bereite deine besten Heilgegenstände für den Notfall vor, aber versuche, einen übermäßigen Verbrauch von Gegenständen zu vermeiden, der dich verlangsamt.

3. Nutzen Sie Verknüpfungen und überspringen Sie Animationen

Beschreibung: Das Überspringen von Animationen, Zwischensequenzen und Ladebildschirmen kann wertvolle Sekunden einsparen. Wenn du das Layout der Karten kennst und Abkürzungen erkennst, kannst du während des gesamten Spieldurchlaufs viel Zeit sparen.

Speedrun-Tipps:

- **Zwischensequenzen und Dialoge überspringen:** Überspringe immer Zwischensequenzen und Dialoge, um den Zeitaufwand für nicht interaktive Segmente zu reduzieren. Dies gilt auch für alle Interaktionen mit der Geschichte oder den Charakteren, also gewöhnen Sie sich an, schnell Knöpfe zu drücken, um zu überspringen.
- **Schnellreise und Kurzbefehle verwenden:** Nutzen Sie die Schnellreiseoptionen, um schnell zwischen Orten zu wechseln, und verwenden Sie Kartenverknüpfungen, um lange Durchquerungswege zu vermeiden. Lerne die effizientesten

Routen kennen, um zwischen Schlüsselgebieten zu reisen, insbesondere solche, die kritische Quests oder Jagden beinhalten.

- **Vermeiden Sie übermäßige Erkundungen: Erkunden** kann zwar Spaß machen, braucht aber Zeit. Halte dich an die kritischen Pfade, es sei denn, die Erkundung belohnt dich mit etwas Wichtigem für das Abschließen von Quests oder das Erwerben von Trophäen.

4. Optimieren Sie das Bestands- und Ressourcenmanagement

Beschreibung: Die Inventarverwaltung kann deinen Speedrun verlangsamen, wenn du nicht aufpasst. Halten Sie Ihr Inventar auf Geschwindigkeit optimiert und vermeiden Sie zeitaufwändige Verwaltung während der Jagd.

Speedrun-Tipps:

- **Vorauswahl von Gegenständen:** Bevor du dich auf die Jagd oder Quest begibst, solltest du sicherstellen, dass du die notwendigen Gegenstände vorbereitet hast. Trage nur das Nötigste bei dir, wie Heiltränke, Fallen oder Buffs. Dies spart Zeit, die während der Jagd in den Menüs verbracht wird.
- **Ausrüstung effizient aufrüsten:** Verbessere nur wichtige Ausrüstung, die deine Kampffähigkeiten erheblich verbessert. Verschwende keine Zeit mit unkritischen Upgrades während deines Speedruns, insbesondere nicht mit Waffen oder Rüstungen, die du nicht für die Dauer des Laufs verwenden willst.
- **Nicht benötigte Gegenstände automatisch verkaufen:** Wenn du unterwegs Gegenstände sammelst, stelle deinen Charakter so ein, dass er automatisch Materialien verkauft, die du nicht brauchst, wie z. B. minderwertige Materialien oder Verbrauchsmaterialien. Dies reduziert den Bedarf an häufigen Bestandskontrollen und -verwaltungen.

5. Meistere zeitbasierte Herausforderungen für Speedrun-Erfolge

Beschreibung: Einige Trophäen und Erfolge erfordern bestimmte Aktionen innerhalb eines bestimmten Zeitlimits, wie z. B. das Besiegen bestimmter Monster innerhalb eines festgelegten Zeitrahmens. Um diese Herausforderungen zu meistern, müsst ihr euch sowohl auf Geschwindigkeit als auch auf Kampfeffizienz konzentrieren.

Speedrun-Tipps:

- **Bereiten Sie sich auf zeitgesteuerte Jagden vor** : Einige Jagden haben zeitbasierte Ziele, und das schnelle Abschließen dieser Ziele ist der Schlüssel zum Erhalt von Trophäen. Konzentriere dich darauf, deine Waffen und Rüstungen vorzubereiten und Buffs zu verwenden, die deinen Schadensausstoß für diese Jagden erhöhen können.
- **Perfektioniere dein Timing bei der schnellen Jagd:** Einige Trophäen erfordern das Besiegen von Monstern in so kurzer Zeit wie möglich. Übe Strategien für diese Jagden und achte darauf, dass du deine Angriffe perfekt abstimmst. Setze schnelle Waffen ein und nutze die Möglichkeiten der Monsterbetäubung für schnelle Kills.

6. Übe, verfeinere und verfolge deine Läufe

Beschreibung: Wie bei jedem anderen Speedrun ist Übung entscheidend. Die regelmäßige Verfeinerung deiner Speedrun-Fähigkeiten und die Verfolgung deines Fortschritts sind unerlässlich, um die Zeiten zu verbessern und Erfolge freizuschalten.

Speedrun-Tipps:

- **Übungsläufe verwenden:** Richte spezielle Übungssitzungen ein, die sich darauf konzentrieren, deine Speedrun-Zeit für bestimmte Gebiete, Monster oder Jagden zu verbessern. Probiere verschiedene Strategien aus, um den zeiteffizientesten Weg zu finden, um Teile des Spiels zu beenden.
- **Verfolgen Sie Ihren Fortschritt:** Verwenden Sie Speedrun-Tracker oder Timer, um Ihre Leistung zu messen und Bereiche zu identifizieren, in denen Sie Sekunden sparen können. Vergleiche deine Zeiten mit anderen Speedrun-Rekorden, um Tipps zur Effizienzsteigerung zu erhalten.

7. Nimm an Speedrun-Communities teil

Beschreibung: Wenn du Speedrun-Communitys beitrittst, erhältst du wertvolle Einblicke, Strategien und Tipps von anderen erfahrenen Spielern. Diese Communities sind ein großartiger Ort, um neue Techniken zu erlernen und deine Speedrun-Ergebnisse zu teilen.

Speedrun-Tipps:

- **Treten Sie Foren und Speedrun-Gruppen bei:** Nehmen Sie an Foren oder Discord-Gruppen teil, die sich dem *Speedrunning von Monster Hunter Wilds* widmen. Andere Spieler können Ihnen Tipps, Tricks und alternative Strategien geben, die Sie vielleicht nicht in Betracht gezogen haben.
- **Speedrun-Videos ansehen:** Erfahrenen Speedrunnern beim Absolvieren des Spiels zuzusehen, kann eine hervorragende Lernmöglichkeit sein. Beobachte ihre Techniken, Waffenauswahl und Routing-Strategien, um neue Erkenntnisse zur Verbesserung deines eigenen Laufs zu gewinnen.